バッハの思い出

アンナ・マグダレーナ・バッハ

山下　肇 訳

講談社学術文庫

本書は『バッハの思い出』(ダヴィッド社、一九六七年刊)を底本とした。

原著まえがき

ヨハン・ゼバスティアン・バッハを愛するすべての人びとに捧げる

　ここに、アンナ・マグダレーナ・バッハのこのささやかな記録を公《おおや》けにするにあたり、私たちはいささか紹介の蕪辞《ぶじ》をもあわせ連ねて、餞《はなむ》けの言葉とせずにはいられない。

　聖アウグスティヌスの物語、そして、一ひらの貝殻《かいがら》で海の水を汲《く》み干してしまおうとした子供が何といって彼に答えたかを、知らない人はないだろう。はじめてこの手記の数頁を読んだとき、私たちはちょうどあのような大きな失望落胆に見舞われそうになった。しかし、この記録に深くはいっていけばいくほど、私たちは、この筆者である女性がわずかな章節のうちに彼バッハの本質の偉大な全貌を見事にとらえ、かつ表現し得ていることに驚かされたのである。本書は音楽の専門学者のために書かれたものではない。とはいえ、この書と美しい縁を結ぶ読者の人びとは、誰ひとりとしてこの書のうちに純音楽的な点で誤っている部分とか、伝記上または心理的な点で適確を欠いたところなどを見つけることはできないであろう。つまり、この著者にとっては、勉強しようとする熱意に燃えた若い人たちに対しても、この比類なき芸術家の生涯と作品についてのかけがえのない正確な姿を伝えることこそ、大切な念願であったにちがいないのである。バッハと彼の音楽を、ひいては音楽そのものを愛し、そのゆえにまた、かくも偉大な業績をのこしたバッハそのひとの、人となりを知りたいと願ってやまぬ数知れない人びとのために、この書はこたえようとしている。芸術的な現象の背後にある人間的なものを真面目《まじめ》に求めるこれらの人びとのために、あの偉大なる音楽の教師は、ちょうどアンナ・マグダレーナの瞳に、そしてまたこの小冊子を編んだ私たちの心の眼にも映った、そのままの生きた直接さと信頼するに足る正確さをもって、この手記の中からよみがえることであろう。

私たちはここで、日常生活の中にいる人間バッハに触れるのである。此岸《しがん》的なものと彼岸《ひがん》的なものとは同じように大きな力量をもって共存し、完全に調和しきっているために、実生活にあっても創作活動にあっても、つまらぬ人間生活のいざこざなどはもう、いっさいはいりこむ隙のない創造的な人間として、芸術家というものの古典的な典型の姿を、私たちはここに知るのである。

いや、それにもまして、このささやかな書は、天才の生涯の伴侶として彼に優るとも劣らないその妻がものした、万世に薫る模範的な作品というべきものである。創造的な人間の伴侶として、内助の功高き妻とはいかなるものか、また常にいかなるものであらねばならないかを、私たちはここに見るのである。

そして結局、この著者なる女性はやはり一ひらの貝殻で海をとらえることができたように、私たちには思われる。この貝殻とは、いわば完全なる愛であり、さらにはまた、無限なるもの、でもあったのだから。

願わくばこの書が、編者たちに恵まれたと同じ心の感動を、読者の人びとにも恵む仲立ちとならんことを。そして最後に、私たちと共にこの書の編集に努力したすべての人びとに、感謝の心が捧げられんことを。

目次

バッハの思い出

第一章　めぐりあい

湧きおこり流れ満つるオルガンの奏鳴のなかから、聖ゲオルクのように、楽長《カントル》ヨハン・ゼバスティアン・バッハは現われ、ひとりこっそりと聴き惚れていた少女は気もそぞろになって教会から逃げ出したること。かくて、若きマグダレーナは、雄々しくも力強きバッハの妻となり、その愛は全《まった》かりしがゆえに、またその夫なるひとを理解することも全かりしこと。

たったひとりのわたくしの生活に、今日は珍しく一人の客が訪ねてきて、わたくしの心をたいへん悦ばせてくれました。カスパール・ブルクホルトさんです。この方はもうよいお年のご老人ですが、かつては愛する夫ゼバスティアンの愛弟子の一人だった方で、前からわたくしのことを探していてくださって、ようやっとこうして訪ねてくださったのでした。本当に、バッハの老妻はこんな貧しい寄るべのない身の上なのですから、それをお見つけになるには、いささかお骨が折れたのでした。でもまあ！　なんという早さで、あの幸福だった私たちバッハ家の生活が忘れ去られてしまったことか、と思います。ご老人とわたくしとはお互いに、いろいろとお話を致しました。あの方は遠慮がちにご自分のご成功のこと、奥さまや小さなお子さまたちのことなど話してくださいましたが、でも私たちの話題の中心は何といっても、あの方の師でありわたくしの夫である、今は亡きバッハそのひとのことでございました。もの悲しい問わず語りのなかにも、あの素晴しい年月の幾多、輝かしいくさぐさのことどもが思い出されてくるのでしたが、その揚句《あげく》にカスパールさんの申された一言が、ただいまのわたくしのこの慎ましい隠遁《いんとん》生活に、一躍して高い意味をあたえてくれるものとなりました。「ぜひ、お書きなさい、奥さん」と彼は申しました。「偉大なあの人の記録を。小さなものでよいのですから。あなたは、他の人の誰も知らない先生をご存じなのです。先生のことで覚えていらっしゃることはみんな書いて下さい！　あなたの忠実なお心が決してそんなに忘れてしまっているはずはありません。先生のお言葉、先生の眼眸《まなざし》、先生の生活、先生の音楽、それを書くのです。今は世間の人びとは先生の思い出をないがしろにしていますが、しかし、先生は永遠に忘れられる方ではありません！　人類は決していつまでも先生を埋れさせておくことはできますまい。そして、いつの日かきっと、先生のことについてあなたの遺《のこ》されたものに、人類の感謝する日がくるでしょう」。

これがカスパールさんの言葉でした。彼が辞し去ると、わたくしはさっそく筆をとって書きはじめました。あの方の言った後世のことが実現されようとされまいと、とにかくあの方の言葉に従うことは、ひとりぼっちのわたくしを慰めてくれる甘い楽しい仕事でありましたから。カスパールさんはゼバスティアンのことをよくご存じでしたし、ゼバスティアンの偉さを嚙《か》みしめるだけ年かさのいったすべての弟子たちと同じように、ゼバスティアンに深く傾倒しておいででした――よく考えてみますと、もともとゼバスティアンにとっては、トマス学校のお行儀の悪い若者たちなど、厄介《やっかい》ものにすぎなかったのでございます。

ゼバスティアンの持っていたものは、わたくしのところにはほとんど何も残っておりません。値打のあるものはみな売ったり、私たち多勢の者たちの間で分けねばなりませんでした。彼の気に入っていた、金と瑪瑙《めのう》の嗅煙草盆《かぎたばこ》までも手離さねばならなかったことは、本当に辛うございました！　あれはいつもあの人の手にしていたもので、いつもわたくしが詰めてあげていたものなのです。でも、それは寡婦のために残しておくのはもったいないというわけで、売られてしまい、その売上金が私たちの間で分けられました。けれども、たとえ彼の思い出のよすがとなるようなものは何一つなくとも、わたくしの心のなかに安らっている思い出というかけがえのない値打をもったお蔵《くら》がある以上、わたくしが彼のことを忘れるなんて、ゆめにもあるはずはないのですから、そんな心配が無用の長物であることは神様がよくご存じです。わたくしはいま貧しく、人から忘れられて、ライプツィヒ市の賜金《しきん》を受け、年もとりましたけれど——昨日でわたくし、五十七歳になりました。彼がこの世を去りましたときより、わずか七歳しか若くはございません——でもわたくしは、彼の妻でなかったということによって、どんなに素晴しい名誉ある年齢がその代りに手に入れられるとしても、やっぱり今のままであるより他《ほか》のものは何一つ望みません。わたくしはチューリンゲンのたった二人の女性を一番の幸福者と思っております。——それは、彼の最初の妻であった、彼の従妹《いとこ》、マリーア・バルバラ・バッハと、第二の妻であるわたくし自身とでございます。彼はわたくし達を二人とも愛してくれましたが、でも、よくわたくしは、マリーア・バルバラよりももっとよけいわたくしの方を愛してくれたのだと、微笑しながら考えるのでございます。なぜなら、神様のお恵みによって、彼がわたくしの方をいっそう長い年月愛してくれたことは、間違いのないところなのですから。

彼のマリーア・バルバラとの結婚生活は十三年の間にすぎませんでした。お気の毒なこの女性は、彼がアンハルト＝ケーテンのレオポルト公との旅行中に、亡《な》くならねばなりませんでした。次男のエマヌエルはその頃まだごく幼かったのですが、父親が家に帰ってきて、小さな子供たちが母親を失い、出かけるときには元気で幸福そうだった妻が、はや幽明境を異にしているのを見たときの悲歎と苦しみを、いつまでも忘れないでいます。可哀そうなバルバラ・バッハさん！　あの女《ひと》はさよならも言わず、彼に看護《みと》られることもなく、死んでいかねばならなかったのです。

そして、わたくしがはじめて彼を見たとき！　本当に月日のたつのは早いもので、思い出は見るまにかき消すように消え去ってしまいますけれど、でもまあ、何とすべてのものがまた再びありありと、わたくしの眼の前に浮かんできますことか！　わたくしの父は親切にわたくしを小旅行に連れて行ってくれましたが、とりわけ音楽のこととなると格別なのでした。父は、この天上の芸術をわたくしが愛していることをよく知っていてくれまして、一七二〇年の冬、父がわたくしの大叔父《おおおじ》と大叔母《おば》を訪ねるハンブルクへの旅行にもわたくしを同行させてくれました。ハンブルクの聖カタリーナ教会には、たいへん高貴なオルガンが燦然《さんぜん》と人目を惹《ひ》いておりました。それには四つの鍵盤《けんばん》とペダルがありまして、わたくしも、父の音楽の友人たちがいろいろとそれについて語るのを聞いておりました。ハンブルクで過した二日目の日に、わたくしは大叔母のために買物に出かけて、ちょうどその帰り道に聖カタリーナ教会のわきを通りかかりますと、ふと思いついて、そのオルガンを見に、なかへこっそりはいってみました。わたくしが戸をあけますと、誰かがオルガンを奏《ひ》いているのが耳にはいりました。とつぜん素晴しい音楽が闇の中から抜け出してきたようで、わたくしは主天使が鍵盤の前に坐っているのかと思いました。そこでわたくしは、もうほんとにこっそりとなかへはいりこんで、じっと耳を澄ませながら佇《たたず》んでおりました。わたくしは西の廊下にしつらえてあるオルガンに眼をやりました。大きなパイプが天蓋《てんがい》にむかって屹立《きつりつ》し、一面の美しい彫物《ほりもの》細工が褐色と金色に輝いていましたが、そのオルガンの奏き手はわたくしの眼にはいらずにおりました。このがらんとして人気《ひとけ》のない教会に、わたくしはどれだけ長く佇んでいたのでしょうか、ただもう一心に聴き惚れるばかりで、すっかり舗石《ほせき》に根を生《は》やし、時の移るのも忘れてしまっておりました。

この音楽の湧《わ》きたち流れるなかで、あんまり我を忘れていたものですから、わたくしは、素晴しい和音の連続した音楽がそのざわめきで空気を揺さぶりながら、突然ぱったりやんだときにも、やっぱり相変らず、この世ならぬ音の響きがさらにパイプからわたくしの上へ轟《とどろ》きわたってくるものと、身動きもせず上方に耳を澄ませて佇んでいました。ところがその代りに、オルガン奏者そのひとがオルガン壇上に現われて、オルガンから下に通じている階段に近づいてきました。そこで彼は、相変らず上の方をみつめているわたくしの姿を認めました。その瞬間、わたくしは彼を見つけました。あんまりだしぬけな出現に、わたくしは身動きもならぬほどびっくり致しました。今になって考えてみますと、わたくしはその頃そうした音楽のあとにはきまって聖ゲオルクが降りてくるものと思っていたのに、それが人間だったのでございました。ところがそのとき、わたくしはがたがた震えだしたのです。わたくしは床に落ちていた外套《がいとう》をひっつかむなり、ただわけもなくわななき震えながら、教会の外に飛び出してしまいました。表《おもて》でやっと気を取戻《とりもど》したときには、我ながらその愚かしい振舞《ふるまい》に呆《あき》れてしまったのです――なぜなら、いかに口やかましい大叔母でも、わたくしが教会にはいりこんで、オルガンの演奏をこっそり聴いていたからといって、何も別に娘らしくないなどとは決して言わなかったでしょうから。

そのオルガニストが誰であったのか、わたくしは露《つゆ》知りませんでしたが、夕餉《ゆうげ》のときにこの小さな出来事を父に話しますと――でもその際、奏者の目にとまって震えだし、慌《あわ》てて外へ逃げ出したことは、黙っていましたけれど――父は申しました。

「それはきっと、ケーテン公の楽長《カントル》のヨハン・ゼバスティアン・バッハだったにちがいない。彼は明日ラインケン氏*の前で、聖カタリーナ教会のオルガンを奏いてきかせることになっているのだよ。私もほかの人たちと一緒に聴きに行く。ひとつ、うちの娘があなたの音楽に夢中になっていますよ、って彼に話してやろう。小さい鶯《うぐいす》のおまえがうたうのをきいたら、きっとあの人はおまえの声のために歌を書いてくれるだろうよ」。

＊一六二三～一七二二　一六五四年以降ハンブルク、カタリーナ教会のオルガニスト、北ドイツ派の巨匠。

わたくしは真っ赤になって、そのためになおのこと困ってしまいながら、楽長さんにわたくしのこと何も話さないで、と父に頼みました。ところが父は、わたくしが赤くなればなるほどますます上機嫌になって、おまえはきっとあの楽長さんのフロックコートのボタンの穴の中に心臓をなくしちまったにちがいない、などと申しました。と申しますのも、演奏中に彼の顔が見られるとは誰も思いませんし、それにバッハ氏は若い娘を優しい眼眸《まなざし》でつかまえるような評判のまったくない人物でしたから。

そこで、翌日父は聖カタリーナ教会の演奏会に出かけて行きました。父が帰ってくると、わたくしはもちろん父を質問攻めにしたというわけでございます。

父は、これまでにあれほどのオルガン演奏を聴いたことがないといって、深く感動しておりました。また、今後も二度と聴けないほどのものだ、聴けるとすれば同じ人の演奏だけだ、とも申しました。私たちは父のまわりを囲んで、熱心にその話をききました。父の物語は弾《はず》みました。——楽長はね、たっぷり二時間演奏して、それからしばらくは心ゆくままに、『バビロンの流れのほとりにて』による即興曲を奏《ひ》いた。そのときはペダルを使って、驚くほどの急速音だった。彼は二重ペダルを奏いたのだよ、それも、普通の人が片手で音階を奏くくらい楽々と奏くのだからねえ、と父は驚歎しながら申しました。——それから彼は、最近作曲したというト短調の幻想曲とフーガをきかせてくれたそうです。これがまた特に絢爛《けんらん》たる、美しい、佳調の曲でした。わたくし自身もこれは後にたびたび彼の手から聴きまして、いつも特別に好きだったものでございます。とりわけ、フーガの初めのところは、いつ聴いてもまた好きになります。何という明るさ、何という歓喜でしょう！　ゼバスティアンがその素晴しい演奏を終えたとき、今まで聖カタリーナ教会つきのオルガニストだったラインケン氏は彼のところに歩みよりました。この人は九十七歳という高齢で、人も知る大の嫉妬家《やっかみや》であり、また大の腕自慢でした。ところが、並みいる人びとはみな呆気《あっけ》にとられてしまったのです。彼は楽長バッハの手をとって、その手に接吻《せっぷん》し、それからこう言ったのです。「オルガン演奏の技術は滅びてしまうものと思っていたが、それが今なお貴方の中に生きていることがわかりましたよ」と。

バッハのオルガン演奏で父に一番大きな印象をあたえたのは、彼の演奏ぶりが静かでまた軽やかであることでした。彼の足はペダルの上をまるで羽が生《は》えているように上下に飛びまわるのですが、しかも彼は少しも身体を動かしているとは見えず、たいていのオルガニストたちがするように、身体をひねくったりはしませんでした。彼の演奏は、見たところ楽々と奏いていて、すこしも無理がなく、それでいて完璧でありました。

それから先のことは、大叔父から聞きました。この人自身も音楽家で、大のゼバスティアンびいきだったのです。ハンブルクの聖ヤコービ教会には大きな美しいオルガンがありますが、この教会のオルガニストがちょうど亡くなりました。こうした立派な選《え》りぬきの楽器を思うままに駆使して教会音楽を作曲することができたら、という考えがゼバスティアンの胸に深く灼《や》きついて（ケーテン公のもとでは主として室内楽を書かねばなりませんでしたから）、彼はこの地位を志願したのです。人びとはみなこの祖国最大のオルガニストに来てもらえる大きな幸福をこよなく喜んでいましたところ、名誉ある市参事会員の方々はヨアーヒム・ハイトマンとかいうごくありふれた月並みの音楽家に決めてしまいました。それというのも、この人が四千マルクの持参金をもってきたからなのでした。当時わたくしの大叔父は、「奴《やつ》は指よりも金で前奏曲を奏く方が上手とみえる」といって怒っておりました。また市参事会員の一人だった牧師のノイマイスターさまもこのことにはすっかり憤慨なさって、参事をおやめになり、その次のお説教のときに次のような痛烈な言葉をお吐きになりました。

「ベツレヘムで幼児イエスに天国の音楽を教えた天使の一人が、もし聖ヤコービ教会のオルガニストになろうと思ったとしましても、持参金がなければ、たちまち追い返されてしまうだろう、と私は思います」。

こういうわけで、楽長バッハはハンブルクへはついに参りませんでした。

さて、彼をはじめて見ましてから一年たって、わたくしは彼と最初の出会いをすることになりました。わたくしの父はヴァイセンフェルスの宮廷トラムペット手でしたので、家にはしょっちゅう音楽家たちが出入りしておりました。父自身もよくゼバスティアンが楽長をしているケーテン宮廷に参りました。わたくしもときおりその地の宮廷音楽会でうたいましたのですが、いつもゼバスティアンは不在でした。一度は病気で、それから今一度は旅行のためだったとか。そのたびに、わたくしはひどく失望致しました。もう一度彼に逢って、二言三言でも彼と話してみたいという願いでわたくしの心はいっぱいだったのでございます。

ところが、ある美しい朝のこと、そうです、今でもよく思い出すのですが、それは明るく晴れた春の朝でした。わたくしは外に出かけて、帰宅するなり、持って帰ってきた一束の緑の小枝を戸口の花瓶《かびん》に挿《さ》そうと思って、ちょうど居間に入ろうとすると、母の手がわたくしの腕にのびて、「ちょっとお待ち、マグダレーナ」と母は申しました。「お父さまはいま、楽長のバッハさんとお話中ですよ、お邪魔になるといけませんからね」。

わたくしの愚かしい心臓は、やにわに荒々しくときめきはじめました。話にはいつも聞いていますけれども、彼を見たのはただの一度きりです。そして、もう一度逢ってみたいということは、何とも説明のつかないわたくしの大きな望みでありました。お父さまは私をお呼びになるかしら、とわたくしは不安な面持《おももち》でそこに佇《たたず》んでおりました。いや、お呼びにならないかもしれない、と思うとまた不安になりました。わたくしは急いで寝室に走って行って、新しいリボンをつけかえようと思いました。とてもよく似合う青いのがあったからです。するとそのとき、父がドアから顔を出して、「お母さん、マグダレーナは帰っていますかね」と尋ねました。父はすぐとわたくしを認めて、「おいで、マグダレーナ」と申しました。「ご親切に、バッハさんが、一度おまえの声を聴きたいとおっしゃるんだよ!」。

そこでわたくしは中へ入っていって、彼の前に立ちました。すっかりあがってしまって、面《おもて》をあげることもできません。ただ聖カタリーナ教会はとても暗かったのだから、どうかあの時の子だということがわからないように、とのみ願いました。でも、あとで彼は話してくれましたが、すぐとわたくしがあの時の、こわごわ聴いていた女の子だとわかったそうです。彼はとても大柄に見えました。身体のことを申しているのです。でもそれは人並みはずれてというのではなく、父よりもほんの少し大きな程度でした。しかし、どことなく彼は高く、大きく、恰幅《かっぷく》がよく、力の溢《あふ》れている感じで、何となくがっしりして見えました。彼が人中に立つと、身体もいつも大きく見えましたが、しかしそれは一方、主として彼の心と精神が人一倍高潔でまたおおらかだったからです。昨日、カスパールさんが申されましたが、あの方もやっぱり、いつでもゼバスティアンの肉体と精神が周囲の並みいる人びとから一段と際立っていることをお感じになったそうです。彼はその語る言葉ではなく、ただ彼がそこにいるというだけで意味深い印象をあたえました。彼はとても真面目《まじめ》で、落着いていて、ごく親しい人たちと話す以外は、めったにお喋《しゃべ》りなどしませんでしたから。

わたくしはと申しますと、もうその瞬間は恥かしいどころの騒ぎではありませんでした。彼に向かってお辞儀をしますと、彼が楽譜をとって、ピアノに坐り、うたうように促《うなが》すまでは、一言も口を開こうとしなかったのでございます。幸い、うたっているうちに、こうしたはにかみはだんだんほぐれて消え失せ、うたい終ったときには、父が満足げな顔つきで、「よろしい、マグダレーナ」と叫びました。バッハ氏は一瞬わたくしをじっと見つめて、それから、「あなたはうたえますね、それに、声がきれいです」と言いました。そこでわたくしも、伴奏がお上手ですもの、と答えたいところでしたが、とてもそんな真似《まね》はできませんでした。わたくしが自分でよく弾いていた簡単な伴奏をもとにして弾いてくれた彼の演奏は、とても言葉にはあらわせないほど素晴しいものでした。彼の手の保ち方、親指の用い方、運指法、それらすべてが他の人びととはぜんぜん違うのでした。でもそんなことは何も言えず、わたくしは言いしれぬ興奮に浸って黙りこくったまま、再び立ちつくしておりました。そのときも、やはりあの教会のときのように、その場から逃げ出したくてたまりませんでしたけれど、わたくしは根が生えたようにぼんやりピアノのわきに子供っぽく立ちんぼうしていたのです。ほんとに、わたくしはこの人の前では愚かしいほどねんねの自分を感じました。けれども、この短かい出来事のあいだに、わたくしの心には、子供なら感じないあるものが生れたのです。神さまはわたくしの魂を音楽によって開いてくださいました。そして今、ゼバスティアン・バッハの演奏を聴いてからのわたくしには、この世に彼以外の男があり得ようなどという考えはまったく不可能になってしまったのでございます。そして、彼もまたそのとき、（ああ、それをわたくしが知ってさえおりましたなら！）この娘と結婚しよう、と心に言ってきかせたのでありました。わたくしが同意するだろうということは、彼は心から確信しておりました。なぜなら、この地上で自分が実現しようと思ったことはみな遂げられることを彼は知っていましたから。後年、折にふれて、この彼の一度こう思ったからには梃子《てこ》でも動かぬ一徹な粘りは、よくわたくしには頑固《がんこ》な強情《ごうじょう》のように思われたことでございました。

はじめて彼と語ったあのときについてのこの叙述は細大もらさず正確なもので、当時の印象は消しがたくありありとわたくしの心に刻まれてあり、心からの信頼を捧げた永い歳月によってもいささかも曇らされることなく、また永遠に眼《まなこ》閉ざしてわたくしの前に横たわった愛する顔容《かんばせ》を最後に見つめた、あの臨終の思い出によっても、決して盲目となるものではありません。

彼が美貌であったなどとは申しますまい。バッハ家の男子には、美しい人は少のうございました。けれども、彼の容貌はその精神のみなぎる力を物語っておりました。力強い額と、いつも深い思索にひきしまっている際立った眉目《びもく》とは注目に値するものでした。わたくしが知りあった頃の彼の眼はとても大きかったのですが、後年それは苦悩と過労に疲れてちぢかみ、眼瞼《まぶた》がいくらかかぶさってきていました。——その眼眸《まなざし》は非常に激しく心の内部へ向けられているようにみえ、それがたいへん人目にも立つのでした。いわば、心の中の音楽に聴き入っている眼とでも申しましょうか。そしてときどきうっとりとした神秘的な表情になるのでした。

彼の口は広くてよく動き、その上に寛容な表情がただよい、口もとには微笑が浮んでいました。顎《あご》は幅広く角張っていて、額とよくつりあうためにそうなっているといった風でした。彼のことをじろじろ見つめたり、またじっと見かえしたりすることは、誰にもできませんでした。どことなく彼には人並みはずれた非凡なところがあって、それが、誰であろうとたちどころにその人に伝わるからなのです。偉大さと謙虚さとが不思議に一つになって、彼の姿から輝き出ておりました。——彼はそうした自分の力を知っていましたけれど、彼がこの力の所有者だということは、彼にとってはどうでもよいことなのでした。そんなことを気にかける人ではなかったのです。ただ一つ、彼の心を動かすもの、それは音楽でありました。そして、勤勉ときびしい研究とつつましさとがあれば、誰でも彼の高さにまで行けるのだ、と信じているようでございました。ときおりわたくしが部屋にはいって行きますと、弟子のクラヴィーア（ピアノ）のかたわらにたたずんで、彼がよくこう言っているのを耳にしたものです、「君が僕ぐらい努力家なら、君だって僕程度に弾けるようになるさ」。

彼を非常に敬愛していた一人のお弟子が、ゼバスティアンの言葉をきくとわたくしがたいへん喜ぶのを知っていまして、ある日わたくしのところへやってきて、こんな話をしてくれました。たった今、ゼバスティアンがオルガンでまったく素晴しい演奏をしてきかせてくれた、というのです。その弟子はもう歓喜の爆発を抑えきれなくなってしまったのですが、ゼバスティアンはというと、それをいささか不機嫌そうに眺めて、制止するように申しました。「なにも驚くにはあたらないよ！　ただ正しい譜を正しい瞬間にたたけばいいだけの話じゃないか。あとはオルガンがしてくれるんだ」と。これには二人とも大笑い致しましたが、そのころすでにわたくしはオルガン演奏の難かしさを知りすぎるほどよく知っておりましたから、誰でもただ正しい鍵を正しい瞬間にたたけばよいのだ、などという彼の言葉を単純に信用するわけには参りませんでした。——と申しますのも、結婚後まもなく、わたくしはゼバスティアンにオルガンの演奏法を教えて下さいと頼みまして、彼も、オルガンは女性向きの楽器ではない、という意見ではありましたけれど、喜んで教えてくれましたのです。でも、わたくしの願いといえば、ただ、彼のオルガン音楽をよりよく理解し、彼のオルガン演奏をより深く味わえる程度に奏くことができたら、というにすぎなかったのでございます。

一七二一年の晩夏のこと、彼の最初の妻が亡くなってからほぼ一年たって、ゼバスティアンはわたくしの父にわたくしとの結婚を申込みました。わたくしは彼と何度も逢っていたわけではありませんが、でも、わたくしの優しい母のお気に召す程度以上に、わたくしは彼のことを思い続けておりました。そして、彼がわたくしを妻にと望むよりもずっと前から、わたくしは、決して他の人のものにはなるまい、と心にきめておりました。両親は彼の求婚を名誉とは思いましたが、しかし、ゼバスティアンがわたくしより十五も年上で、そのうえたくさんの子もちだということをわたくしに注意させることは、親としての義務だと考えました。――三人はすでに亡くなっていましたが、わたくしがゼバスティアンの妻になれば、残っている四人の子供の母親にならなければなりません。わたくしが口ごもり、頬あからめて、涙まで流している――わたくしの幸福感はほかに表現のしようがありませんでした――のを見て、ゼバスティアンの求婚に応じる意志を見てとった両親は、別室でわたくしの答えを待っている彼のところへ、わたくしを行かせました。彼は彼の決めたことに少しも疑いをもっていなかった、と思います。私たちはそれまでほとんど言葉を交したこともなく、彼のいるところではいつでも胸がいっぱいでただ黙りこくっていたのですが、それでも彼の鋭い眼眸《まなざし》はちゃんとわたくしの心を読んでいたのですから、彼に逢うと、いつもわたくしの胸は早鐘《はやがね》のように高鳴りはじめ、口もきけなくなるのでした。

彼は窓ぎわに佇《たたず》んでいました。入って行くと、彼はこちらを向いて、二歩わたくしの方に近づき、「マグダレーナさん、僕のお願い、ご存じでしょうね、ご両親は承諾《しょうだく》してくださったんですが、僕の妻になってくれますか」と申しました。「はい、わたくし、有難うございます」とわたくしは答えますと、思わず涙にくれてしまいました。それは、その場には本当に不似合いでございましたけれど、このうえもなく清らかな幸福な涙、神とゼバスティアンに対する感謝の涙でございました。そして、彼がわたくしを抱擁《ほうよう》したとき、「神はわがやぐら*」という思いがわたくしの心をかすめていき、私たちがよく冬の夕べに暖炉を囲んでうたったこの讃美歌のおおらかなメロディーをわたくしはかすかに心の中で口ずさみました。そうです、わがやぐら、ゼバスティアンはたしかにそうでした、一生の間、そうであったと思います。

婚約はとりわけ楽しいお祝いでした。名望ある音楽家、その上、大公の厚いご寵遇《ちょうぐう》を受けている人と自分の娘が結婚するという、愛する両親の誇らしげな様子を見て、わたくしは嬉しゅうございました。レオポルト公はご機嫌美《うる》わしくわたくしにお言葉を賜《たま》わり、あなたが夫にする楽長は、音楽がこの地上に鳴り響く限り、その名を尊敬される人だ、と仰せになり

＊現行の『讃美歌』(日本基督教団出版局発行)第二六七番(詩編四六・二)。有名なルッター作の讃美歌。

ました。それからまた、公はわたくしに、夫の歌をうたってきかせることのできる幸福な身の上について、お世辞を言われました。公の打ち解けた、いえ、友人同士のような、とさえもいえるゼバスティアンとの間柄《あいだがら》は、公がゼバスティアンの最初の結婚の末っ子の名親でいらっしゃったことにも窺《うかが》えるものですし、また、ゼバスティアンが公のすべての旅行の随行をせねばならなかった理由でもあるのです。すでにお話したように、お気の毒なマリーア・バルバラが亡くなって葬られたことを知ったのも、こうした旅行からの帰途《きと》のことでした。

ゼバスティアンは静かなケーテンの地を愛しておりまして、あの頃は、彼とわたくしが一生あの地で、音楽に理解の深いご親切な公に仕えて過すものとばかり考えておりました。まだ私たちが結婚式を挙げないうちに、ゼバスティアンとわたくしは公の秘書官クリスティアン・ハーレさんのお子さんの洗礼立会人を致しました。この日のことは永久に忘れられません。なぜなら、わたくしは初めて公然と許婚者《いいなずけ》と一緒に世間へ出るわけだったのですから。たくさん綾織のついた青い服がわたくしにたいへんよく似合い、彼が気に入ってくれたので嬉しくてたまりませんでした。そのとき以来彼の亡くなりますまで、彼が一言讃《ほ》めてくれますことは、わたくしにとって世界中のどんな言葉よりも嬉しいものとなりました。

彼の小さな子供たちがわたくしのまわりに集まってきました。そのときはじめて、わたくしは私たちがもう、一つ家族なのだということを感じました。「家庭」、それは彼にとって人生の全部でありました。——彼の妻、彼の子供たち、彼の家、それが彼の全世界であったのでございます。若い頃は、有名なオルガニストたちの演奏をきいたり、さまざまなオルガンを奏いたりするために、彼はいくたびとなく徒歩旅行を重ねましたし、また主君とご一緒の職務上の旅もずいぶんございましたが、それから後は静かに家居の生活を送りました。後に『平均律クラヴィーア曲』という名前で一つにまとめた小さな前奏曲やフーガは、彼がもっぱら、こうした旅のために目の届かない弟子たちのための練習曲として書いたものですけれども、いつもわたくしがこのうえなく素晴しい音楽だと考えておりますもので、そのほとんどすべてがこの公との旅行中にできたものなのでございます。

私たちがライプツィヒで過した数年間は、ほとんど家から離れたことはありませんでした。トマス教会とトマス学校における日々の仕事、彼が指揮せねばならない音楽会、自分の作曲、それから家庭、これで彼の生活は完全にいっぱいでした。彼の足もとにも及ばないほかの多くの音楽家たちのように、よその国で評判をとったり人気を集めたりするための旅行は、決して致しませんでした。今日では、二、三の昔の弟子たちを除いては、彼と、彼の音楽を記憶しているものは、極めて少数にすぎませんけれども、もしも神さまがただ一人の人間に事実天才を授けたもうたとするならば、その恵みはヨハン・ゼバスティアン・バッハのものでございます。でも、そんなことは黙って、——お話を先へ進めましょう。

一七二一年の九月に私たちは婚約し、十二月にゼバスティアンの家で式を挙げました。わたくしは我家となるべき家で婚礼を祝ったわけでございます。ご親切なゼバスティアンの主君は、ご自分が八日後にはアンハルト＝ベルンブルクの美しい内親王と式をお挙げになることになっていただけに、いっそう私たちの婚礼に心をお寄せになり、わたくしに花嫁の花輪を贈って下さいました。

あの日、ゼバスティアンは何という深い愛を示してくれたことでしょう。そして何という幸福な夢のなかをわたくしはさまよいましたことか。それはみずからそれを味わった人だけが描くことのできるものです。

婚礼の日は女の一生で一番美しい日だ、と申します。たしかにあの日のわたくしほど幸福な娘はありませんでしたが、でもいったいわたくしのヨハン・ゼバスティアン・バッハほどの夫を見つけた方がありますでしょうか。あの婚礼の日から後は、わたくしには彼以上の人生はありませんでした。

まるでわたくしは大海に注いだ一筋の小川のようなものでした。予期したよりもはるかに深くはるかに広い生命の海に没入し包みこまれてしまったのです。

こうして年を追うてこよなき信頼感をもって彼と暮しておりますうちに、ますます彼の偉さがわかるようになりました。よくわたくしには、彼があんまり力強く偉大に見えて驚くほどのことがありましたが、でもわたくしは愛していたればこそ彼を理解しました。「愛は掟《おきて》の実現なり」、この格言を彼はよく彼の大きなルッター聖書から引いたものですが、それは夏ならば窓辺、冬ならば炉端《ろばた》で、大きな革の肘掛椅子《ひじかけいす》に腰をおろしながら読んだもので、そうした揚句《あげく》、また彼はルッターと共にこうも語るのでした。「われ果実を振り落さざりし樹木、かの園に多からず」と。

ああ、それを思いますと、何という思い出の数々が、消えることなく浮かんで参りますことか！

私たちの結婚を祝って、彼はわたくしのために歌を一つ書きました。それを彼は後に他のものと一緒にわたくしの楽譜帳に集めておいてくれました。

いとし清らの新妻よ
君がしもべの今日の幸福《さち》
花とかざりし装いの
君がすがたを仰ぎては
誰か心のたのしさに
寿《ことほ》がざらん君が幸福

あふるる胸とくちびるの
わがよろこびを問いたまえ。
これがわたくしの結婚の贈物、そしてその後に来るべき幸福の前ぶれでございました。

第二章　その日まで

アイゼナッハ、リューネブルク、アルンシュタットにおけるゼバスティアンの若き日について。ミュールハウゼンにおける彼の結婚について。ヴァイマルの楽長《カントル》時代及びケーテンの室内楽と男やもめの頃について。

こうして、わたくしの人生は始まりました。今までに起ったできごとは、皆この人生を待ちかまえていた準備であったように思われました。けれども、天がわたくしにゼバスティアンの妻として贈りたもうたこの素晴しい幸福な年月のことを書くに先立って、彼みずからの口から、また他の人びとから聞きました彼の幼い頃や青年時代のこと、及びわたくしというもののいなかった時代の彼の生活のことを、できるだけお話してみたいと存じます。この手記をいくらかでも後世のために価値あるものにしようとすれば、どうしてもわたくしは彼の一生について知っている限りのすべてを、誕生から死にいたるまで、すっかりお話し致さねばならないのでございます。

彼はアイゼナッハで生れました。彼が三月に、つまり四旬節《しじゅんせつ》期中にこの世の光を見たということは、いつもわたくしには意味あることに思われました。なぜなら、彼の深い魂が一番力強くほとばしり出ているあの彼の最大の作品、マタイとヨハネの両受難曲を、彼は四旬節期と復活祭前週のために書いたのでしたから。あるとき、わたくしは不意に彼の部屋に入って行ったのですが、そのときちょうど彼は『マタイ受難曲』の中のアルト独唱「ああ、ゴルゴタ」を書いているところでした。平生《へいぜい》は安らかで血色のよい彼の顔がすっかり灰色になって涙さえ溢《あふ》れ出ているのを見たとき、わたくしはどんなに感動したことでしょう！　彼はわたくしに気がつきませんでした。わたくしはこっそりとまた外へ出て、彼の部屋の戸口の階段に腰をおろすと、わたくしも泣いてしまいました！　この音楽を聴く人たちは、そんなにまでしていることなど、どうして知りましょう！　わたくしは彼のところにとんで行って、彼の頸《くび》すじにしがみつきたい衝動を感じました。でもそれはできません。彼の眼眸《まなざし》には何ものかが宿っていました。それがわたくしの心をおののくような畏敬の念でいっぱいにしたのです。彼は自分が創作に苦しんでいる姿を一度でもわたくしが見たということを、ついに知らないままでしまいました。そのことをわたくしは今でも喜んでおります。なぜなら、それはただ神のみが見そなわすべき瞬間だったのですから。彼が福音書《ふくいんしょ》のお言葉のためにつくったこの聖なる音楽は、すべてのキリスト教徒が十字架をふり仰ぐときの千々《ちぢ》なる思いにこよなく崇高な表現をあたえたものです。ゼバスティアンはこのアリアを書くために静座したとき、その魂のうちに、救いをこいねがう生きとし生けるもののあらゆる不安とおののきを、あの神の子イエスのあらわれたまう神秘にみちた崇高な秘密のいっさいを、感じていたのです。結婚後八年目のキリスト受難の日に、わたくしは初めてトマス教会でこの『マタイ受難曲』を完全に聴きましたが、この曲の栄光に溢《あふ》れた、魂をゆさぶるような感動にほとんど耐えきれないばかりでした。けれども、それに注目する人はほとんどおりませんでした。あまり難かしすぎて、よほど練習をしなければ公演できないものなので、再びわたくしがこの曲を聴くまでには、十一年もの歳月が流れました。いまこの力強い、心をゆさぶる音楽は静かに黙して眠っています——おそらくいつの日かまたわたくしはそれを天国で聴きますことでしょう。

一六八五年、アイゼナッハの細長い白堊《はくあ》の家に呱々《ここ》の声をあげた小さいヨハン・ゼバスティアンが『マタイ受難曲』のような音楽を書くようになろうとは、誰が考えたことでしょう——だって、これほどの音楽は、彼がつくるまでは世界になかったのですもの。バッハ家の人びとは、本当に回想すればするだけ、ことごとくみな音楽家でした。ゼバスティアンの話によると、この一家で、比較的確かなことのわかっている一番最初の音楽家は、粉屋でパン

アイゼナッハ市のバッハの生家　（1967年　訳者撮影）

焼きだった彼の大曾祖父ファイト・バッハ（一六一九没）だとのことです。この人の何よりの楽しみは、いつも小さなギターを抱えて水車小屋に行き、粉が挽《ひ》かれている間、そこで奏《ひ》いていることだったとか。「きっとうまく調子が合ったことだろうよ」といつかゼバスティアンは微笑しながら申しました。その祖父はきっと拍子を水車にあわせて奏くことを学んだにちがいありません。バッハ家では、良い人とはいわば子供のように音楽好きなことを意味するのです。水車小屋で音楽を奏《かな》でていた粉屋の祖先に対する思い出は、ゼバスティアンにとって一生の間、常に心の慰めであったようでございます。

一時はバッハ家の全員が音楽家でした。かれらはオルガニストとしてチューリンゲン地方一帯に点々と住んでいました。ゼバスティアンの伯父（ヨハン・ミヒャエル 一六四八～九四）はゲーレンのオルガニストで、その末娘が彼の最初の妻になりました。その伯父は作曲もし、クラヴィーアやヴァイオリンをつくることもしました。ゼバスティアンも、もっと暇があったなら、自分で楽器をつくりたかったろうと思います。彼は楽器製造のあらゆる進歩発達に特別興味をもっていましたし、自身またたいへん器用でした。彼はスピネット*にはいつも自分で絃を張り、その調子を整えるのにものの十五分とはかかりませんでした。ゼバスティアンがよく話してくれたことですが、バッハ家の人びとは、記憶に残るようになってこのかた、少なくとも年に一度は一つところに集まって、大音楽会を催しました。彼らは通常、まずいきなり讃美歌の合唱ではじめ、それから、大好きな「混成曲《クオドリベット》」（ごっちゃ《クオドリ》まぜ《ペー》）をやって楽しみました。つまり、何か一つ有名なメロディーを皆で一緒くたにうたって、即興的に多声合唱をやりながら、諧和《かいわ》させるというわけです。これは決して音楽の馬鹿ふざけ以上のものではありませんでしたが、しかしバッハ家の誰一人としてこうした「混成曲」をやらないでは、この家族デーに満足して帰らなかったようです。そして、ゼバスティアンも気分のよい時には、息子たちと一緒に夜の炉辺でこうした「混成曲」をうたいました。

＊昔の小型ピアノ。

あるとき、たぶんゼバスティアンだかフリーデマン*だかエマヌエル**だかのシャツの、面倒な繕《つくろ》いものをしなければならなかったためでしょう、わたくしが一緒にうたわないでいますと、彼はわたくしに、「母さん、あなたのいい喉《のど》もきかせて下さい」といって、何か一曲うたうように頼みました。そして、彼は決してわたくしの声をあきらめようとしないのでした。この一家の「混成曲」好きは、後年彼がカイザーリング伯のために書いた『ゴールトベルク変奏曲』にも現われているように、彼にも残っているのです。この『ゴールトベルク』(三十の変奏曲つきアリア)の最後の変奏曲は「混成曲」で、二つの民謡風な歌曲を一つにしたものです。その歌の一つは一人の乙女《おとめ》を、もう一つはにんじんだいこかぶらを主題にしており、それをバスで真似《まね》する形でとり入れられてありました。ゼバスティアンはどんなテーマからでも音楽ができたのです。

ゼバスティアンの父母は早く亡くなり、親の死後、彼はオールドルーフのオルガニストだった長兄(ヨハン・クリストフ 一六七一〜一七二一)のお宅に身をよせました。そこで彼は、楽しいせせらぎが流れ、灌木《かんぼく》の生《お》い茂る、美しいアイゼナッハの町をまだ幼なくして去らねばなりませんでした。

*バッハの長男、一七一〇〜八四。
**バッハの次男、一七一四〜八八 共に後出。

しかし、このアイゼナッハの二人の住人の精神は彼の心にこの上もない深い印象を刻みました——聖エリーザベット・フォン・ウンガルン*とマルティン・ルッターの二人です。ルッターのことはまるで同時代の人のように思っていました。子供のころ彼はよくこの偉人のことを偲《しの》びながらヴァルトブルク**をふり仰いでいたのです。この神に仕える偉人の荘厳な力強い讃美歌音楽は後年にも彼の雄大なオルガン前奏曲のための刺戟《しげき》となりました。涸《か》れることを知らぬ音楽の泉であったゼバスティアンが、みずからの流れを押し流すために、しばしばほかの人の音楽を用いたということも、彼の人柄のいささか風変りな点で、よくわたくしがそれと知って少なからず驚かされたところでございます。彼はオルガンかクラヴィーアで即興に弾《ひ》こうと思うと、まずブックステフーデ***か、パッヘルベル****か、それとも、彼が心から讃辞を惜しまない伯父クリストフ・バッハ（ヨハン・クリストフ　一六四二〜一七〇三）かのちょっとした曲を弾いてみて、それからやっと自分自身の天才が一段と強大な翼をのば

*十三世紀の篤信慈善の尼僧、ルートヴィヒ・フォン・チューリンゲン方伯の未亡人で、ヴァルトブルクに籠る。

**ルッターが聖書を翻訳した有名な城、また中世の歌合戦でも名高い。

***一六三七〜一七〇七　リューベックのマリア教会のオルガニスト、北ドイツの指導的音楽家。

****一六五三〜一七〇六　有名なオルガニストで、バッハの長兄はその弟子。ドイツ・バロックの最大の作曲家の一人。

しはじめるのでした。そんなとき、わたくしはよく、どこの家庭にも見られる風景を思い浮べたものです。ほんのわずかの水をポンプに注ぐと、それが誘い水になって、汲《く》みつくすことのできない地下水が底知れぬ深みの下から吸い上げられるという、あの風景を。

彼とルッターとの間には、もう一つ結縁《けちえん》がありました。それは、彼もやっぱり子供のころ、未来の教会改革者然と合唱団《コーラス》に加わってアイゼナッハの街をうたって歩いたことでした。しかもゼバスティアンは、彼が生れるより百年も前から組織されて、アイゼナッハの市民たちが非常な誇りとしている学生コーラスの一員だったのです。「僕らの町はいつも音楽で有名だった」と彼は口癖《くちぐせ》のように申しました。

それからさらにわたくしにきかせてくれた話では、アイゼナッハのラテン語名は「イセナクム」Isenacum で、この字謎*はエン・ムジカ en musica すなわち「見よ、音楽を！」かあるいはまた「カニムス」canimus つまり「我らはうたう」となるのです。こんな洒落《しゃれ》を申しながら愉快そうに笑っている彼が、今もなおわたくしの目の前に立っているような気が致します。わたくし、彼の言葉が正しく再現できましたでしょうか。と申しますのも、わたくしはラテン語を少しも存じませんし、ゼバスティアン自身は常に何ごとによらず、たいへん

*字母を一字おきかえてつくる新語。

正確なことを重んずる人だったからでございます。彼は立派なラテン語学者でございました。ライプツィヒで楽長《カントル》*に任ぜられましたときは、トマス学校の生徒たちに音楽ばかりか、ラテン語まで教えねばならなかったのでした。彼は、わたくしがトマス学校の不熱心な生徒たちの逆になってもらいたいものだと申して、わたくしにも喜んでこの言葉の手ほどきをしてくれようとしましたが、しかし彼にはその暇がなかなかなく、わたくしも子供たちや家事の世話に追われて、この勉強を続けることができませんでした。わたくしの覚えたラテン語といえば、本当にひとつ覚えの“Gloria in excelsis”(高きに在《いま》す神に栄光あれ)と“Credo in unum Deum”(我は唯一の神を信ず)くらいなもので、これは彼が大好きなロ短調でミサを書いたときに覚えたのでございます。

少年のころ、ゼバスティアンは素晴しいソプラノの声の持主でした。その歌声をきいた友人たちの話では、彼の喉のきわだって美しい響きはすべての人の記憶に残っていました。オールドルーフの教会で、彼は日曜祭日には欠かさずうたいました。冠婚葬祭の折には、少年歌手たちと一緒に多声聖楽曲《モテット》をうたいました。その家々で、また教会で、時にはまた、アイゼナッハの頃から馴《な》れている街上で。オールドルーフを去ってリューネブルクへ行ってから

＊カントルという職は、教会とその付属学校の音楽責任者で、合唱指揮や高度の作曲能力に加えて、初級の宗教教育とラテン語の教授能力が要求される。

まもなく、不幸にも声変りの時期がやってきて、たいへんなことが起りました。ある日コーラスでうたっていますと、とつぜん自分がオクターヴで、いわばわざと二重唱にしてうたっているのが耳に入りました。それを変えることが彼にはできず、この奇妙な現象に如何《いかん》とも施す術がありませんでした。そしてまる一週間というもの、歌ばかりでなく会話もオクターヴでやりました。こんなことにぶつかった人のことを、わたくしは聞いたことがありません。

わたくしのゼバスティアンを教育して下さったお兄さんのバッハとは一度もお逢いしたことがありません。ただわたくしの存じておりますことといえば、ゼバスティアンがいつも非常な尊敬と感謝をもってこの兄のことを語っていましたこと、また後年この兄の息子を、自分が世話になった以上に何くれとなく面倒を見たということだけでございます。何ごとによらず、ゼバスティアンにさからうことはよくないことでした。とりわけ、彼の一族の一人に対して、それがどんな遠縁の人であろうと、少しでも礼を失したような反感を口にすることは、彼にとってどうにも我慢のならないことでした。ですから、わたくしがお兄さんを悪く思っていても、決して口には出せないのでした。と申しますのも、ゼバスティアンが一生悩みの種にしていた視力の減退についての責任は、このお兄さんの嫉妬《しっと》心かあるいは寛容さの足りなかったことにある、とわたくしは思っておりましたのです。この兄は有名な作曲家たちの名曲全集を持っていましたが、もうその頃は音楽に餓《う》えていて手にはいる音楽という音楽はみな研究しつくしてしまっていたこの少年（バッハ）に、その全集を見せてくれませんでした。この譜本は格子《こうし》のはまった文箱に蔵《しま》ってありましたので、熱心な少年は格子越しにその大切な本の内容を数ヵ月にわたって写しとりました。それには夜こっそりと、それも自分の蠟燭《ろうそく》がないので、月の明りを頼りにするほかはありませんでした。これでは彼の眼が過労のためにたいへん損われたのも、無理はありません。この困難な仕事がようやく終り、こうしてさんざん骨を折って手に入れた音楽をいざ彼が弾きはじめる段になったとき、兄はこの筆写の犯行を見つけてさらにその原稿まで取上げてしまいました。この兄が亡くなってはじめて、それは彼の手もとに戻りました。私たちが結婚した年のことです。そこでこの若い時の経験を彼はわたくしに話してくれましたが、しかもその際、兄の無慈悲に対する怒りの色はみじんもありませんでした。とにかく、彼の偉大な性格と意志の強さがすでにどんなに早くから現われていたかということが、ここにもうかがわれるのでございます。

彼の責任感も非常に早くから発達しておりました。十五歳の時すでに彼は自分で自分の生活を立てていたのです。彼はリューネブルクへ行くと、聖ミカエル学校のコーラスにはいり、そこでその美声のおかげで、高音部歌手として自由な食事給与と、わずかながら俸給とを保証されていました。わたくしも一度リューネブルクに行ったおりミカエル教会を訪ねました。教会は赤煉瓦《あかれんが》の塔や銅の円蓋《えんがい》、天窓櫓《てんまどやぐら》があって、たいへん清澄な感じに見えましたが、教会の内部はまた一段とわたくしの心を動かしました。かつてあの若いゼバスティアンの天使のような声が聴かれた場所なのですもの――わたくしの遂に聴くことのできなかった声が。ともすればわたくしは、彼のことでわたくしの体験できなかった事柄《ことがら》が惜しくて、世間の皆さまに嫉妬めいた気持を抱きがちでなりませんが、しかしわたくしは、彼の生涯の半分を共に送り得たことを神に感謝すべきでございます。残念なことに、ゼバスティアンの声はリューネブルク移住後まもなく声変りしてしまったので、彼は生活の途《みち》をヴァイオリン演奏やその他いろいろな伴奏などに求めねばなりませんでした。

彼はあらゆる楽器に天与の才能をもっていまして、彼の弾いたものはヴァイオリン、ヴィオラ、スピネット、クラヴィコード、チェムバロ、ヴィオラ・ポムポーザ*など、なかでもオルガンは彼の最愛の楽器で、おそらくこれほどの演奏は二度と再びこの地上に生れることはありますまい。もちろんこうした完璧さを、彼がすでに十五歳にしてもっていたと申すわけではありません。わたくしが彼を知ったころが、彼の才能の一番花ざかりなときでした。ただヴィオラ・ポムポーザだけは当時まだ奏いていませんでした。この楽器はもっと後になって彼がみずから創案したものなのです。

*五絃の小型チェロ。十八世紀に奏者の技能拡大のために考案された。合奏の場合はチェロ・パートを補強する大型ヴィオラの役割を果たす。バッハがライプツィヒで作らせたといわれるが、否定する説もある。

わたくしはこの記録を彼の望んでおりますように正確に、できるだけ書いてみたいと願っております。と申しますのはほかでもありません。わたくしが不正確なことを言ったり、ピアノを少しまちがえて弾いたりしますと、いつも彼は手をわたくしの肩の上におきました。その流儀を今でもはっきり覚えているからでございます。それはちょっとした、半ばは優しく、半ばは不機嫌な揺ぶり方でした。ああ、今となっては、せめてもう一度彼の手をわたくしの肩に感じることができるものなら、わたくしは喜んで不正確の罪を犯して、彼から叱られてみとう存じます！

それからここで、彼が特別注目に値いする手をもっていたことを申しのべておきたく思います。その手は大きくて、非常な力があり、鍵盤の上で人並みはずれて伸ばしひろげることのできる指間隔をもっていました。親指か小指で一つの鍵を抑え、ほかの指だけでもその手が完全に自由自在であるかのように弾きこなすことができるのでした。どの手のどの指でも顫音《せんおん》（トリル）が出せたことはいうまでもありません。そのうえ、それをやりながらどんなに複雑な組合せの音でも弾くことができたのです。今でも思うのですが、鍵盤とオルガンペダルの上で彼にできないことは何一つありませんでした、いえ、なんでもやすやすとできたのでございます。しかもその場合、彼の常にくり返し説いたところは、そうした技術の完璧さが一《いっ》に彼の勤勉努力の賜物《たまもの》にすぎず、誰でもただ真面目《まじめ》に一心不乱に努めさえすれば達成できるものなのだということでした。しかし彼の弟子の中のどんなに優れた人たちでも、この意見には反対でした。なぜなら、よい音楽家であればあるほど、逆にますます彼の天才に驚歎するばかりでしたから。

彼ほどの天才は決して何人にも恵まれていず、外面的にどんなに勤勉であり真剣であっても得られるものではないのです。ゼバスティアン自身はこの素晴しい天賦《てんぷ》をみじんも誇らず、自分の才能がそんな素晴しいものだなどとはいっこう考えておりませんでした。彼にとっては、音楽の生命が唯一の真の生命であって、音楽家は単なる楽器にすぎず、自分の優秀性を考えるなどという気持は少しも起きなかったのでございます。

リューネブルクに滞在中、彼は彼独特の刻苦勉励《こっくべんれい》でその完璧さにさらに磨きをかけ、指の熟練を最高度にまで発達させ、独自な運指法を考えだし、ちょうど天の贈物のように思われた学校の大図書館のありとある楽譜を徹底的に研究しました。また彼はオルガン演奏にも多くの時を捧げ、彼と同様チューリンゲン人であった聖ヨハネ教会のオルガニストが彼に教えてくれました。けれども彼はまもなく先生を飛び越えてしまいました。まだ若いにもせよこのゼバスティアン・バッハに何か音楽のことを教えようとするのは、常に不安めいたことだったろうと思います。地上の教師の手にかかるより遥《はる》かに前に、音楽の天使が彼の手ほどきをしてしまったにちがいありません。

ですからあの立派なベームさまのところへ、他の幾人かの若々しい力にあふれた先生方のところと同じように、彼が足を向けたときにも、もう彼はこの方からも多くを学ぶ必要がなくなっていたことでしょう。

そこで彼はラインケン[*]氏の演奏を聴くために、遠い道のりを幾たびもはるばるハンブルクへ歩いて行きました。この人の前で彼が演奏して多大の成果をおさめたのは私たちの結婚の前の年で、あのときわたくしははじめて彼を垣間見《かいまみ》たのでございました。あの当時彼がほんのわずかのお金も思うようにならなかったことは想像できることでございます。こうした旅のときのこと、彼は一文なしで軽いお弁当を使うこともできず、腹をすかせながら、とある宿屋の窓下のベンチに靴ずれのできた足を休めていたものです。すると、そうやって腰をおろして、これから先いったいどうやって残りの道をすき腹抱えて帰ったらよいものかと思い悩んでいる彼の鼻先へ、窓が開いて、鰊《にしん》の頭がぽいと二つ、足もとにとんできたのです。ゼバスティアンは大して有難くもないこのご馳走《ちそう》を、それでもないよりはましだと思って、拾いあげました。ところがその鰊の頭の中には、どちらにも一枚ずつデンマーク金貨がはいっていて、彼はびっくりするやら嬉しがるやらでありました。この話はいつも、そっくりクリ

＊一六六一〜一七二二　ラインケンの門下、リューネブルク聖ヨハネ教会のオルガニストで、オールドルーフ近村の出身。

スマスなどに子供たちにきかせれば、きっと感激し大喜びするお伽《とぎ》ばなしのように思われました。おそらくこのときの感謝の心からでしょう、ゼバスティアンはいつまでも鰊が大の好物で、それも特に薄い白葡萄酒と薬味と胡椒《こしょう》で料理したのを喜びました。暑い真夏にはいっこう食事の進まない彼だったのです。ところで、そのときの彼は、鰊の頭から出たお金のおかげでたらふくご馳走《ちそう》も食べられた上に、もっと大事なこと、つまりハンブルクへの旅をさらにくり返して、素晴しいオルガンと大オルガニストをもう一度聴くことができたのでした。

今一つ、もっと後になって、もっと重要な機会での出来事ですが——一七一六年の五月でした。——オルガンが彼に昼食を恵んでくれたことがあります。このときのことを彼はよく満足げに回想しておりました。当時彼は、ハレで三十六の音栓節《ストップ》のついた新しいオルガンの試験演奏をするために、クーナウさまやロッレさま*とご一緒に同市へ参りました。オルガンの検査がすむと、市会が検査官たちにたいへん豪奢《ごうしゃ》な昼食のもてなしをしてくれました。平素簡易生活に馴れているゼバスティアンには、とにかくそれがおそろしく豪華版なものに見えたのです。後になってもよく彼は、それが自分の食べた一番のご馳走だった、と申しておりました。そのとき出たものは、ボラ、牛肉、燻製《くんせい》のハム、豌豆《えんどう》、馬鈴薯《ばれいしょ》、ほうれん草、小腸

＊一六六〇〜一七二二　ライプツィヒのトマス学校におけるバッハの前任者。後者はクリスティファン・フリードリヒ・ロッレ。

詰、煮た南瓜《かぼちゃ》、アスパラガスサラダ、甘藍《キャベツ》サラダ、犢《こうし》の焙肉《あぶりにく》、廿日《はつか》大根、ケーキSpritzkuchen*、レモンと桜桃の砂糖漬だとのことです。——ゼバスティアンがオルガニストとして初めて職を得たのは、まだやっと十八歳の時でした。ヴァイマルではすでに宮廷楽手に任ぜられていたのでしたが、アルンシュタットの新教会備え付けの美しいオルガンを奏いてみるために、ヴァイマルからその町を初めて訪れました。このとき二、三の立派な音楽家たちが彼の演奏を聴いて、年はたいへん若いのに抜群の技倆《ぎりょう》をもっていることを直《ただ》ちに認めてくれました。アルンシュタットに雇われていたオルガニストはひどく凡庸《ぼんよう》な音楽家でしたので、その人は軽いポストに移され、その地位はわたくしのゼバスティアンに与えられました。彼の相手にしたオルガンはとても美しい楽器で、外側には彫刻と金メッキで、棕梠《しゅろ》**の枝と唐草模様の装飾がつき、側面には金のトラムペットを吹くヒエルブ***とキューピットの首がついていました。鍵盤は二段で、また五つのストップがついた優秀なペダルを一つもっていました。ゼバスティアンは一生このアルンシュタットのオルガンのことを、まるで母親が総領の子供の話をするような特別の愛情こもった調子で口にしていました。それはいわば彼のオルガ

*せんべい状の焼いた菓子。
**光栄の標章。
***火剣をもった天使。

ンになった最初のものだったのです。オルガニストの任命式はたいへん荘重に執《と》り行なわれました。彼を紹介する弁士は音吐朗々《おんと》と彼のあらゆる勤勉、職務への忠実を述べたて、さらに一段と声を大にして彼に向かい、神の光栄あるしもべとして上司同僚に交わることを薦《すす》めました。この紹介の弁は、彼の若い、だがすでに真摯《しんし》誠実な胸奥にこのうえなく深い印象をあたえました。――まるで神様ご自身が私の音楽家たる運命《さだめ》に刻印を押し給《たま》い、私が常にかくあるべく努力してきたもの、すなわち教会音楽家に私をしてくださったような気持がした、と彼は後年わたくしに話してくれました。彼はオルガンをこよなく愛しておりましたから、箱型ふいごをおしてくれる熱心な友人がいれば、真夜中でもその人を連れて、いくたびとなく教会へ行き、朝焼けが東の窓を赤く染めるまで奏いていることさえあるほどでした。

彼の公務といえば、日曜と木曜の朝、礼拝の際に演奏し、月曜の祈禱《きとう》に音楽伴奏をつけ、教会コーラスの練習の指揮をするだけのことでしたから、ゼバスティアンの職には、個人的に好きなことをする余暇《よか》は十分にあったわけです。けれども、その余暇はゼバスティアンにとっては、すなわち仕事の機会にほかなりませんでした。わたくしは、ときどき彼が小さなパイプをくゆらせているときのほかは、彼が何もしないでいるところを見たことがありません。わたくし自身はこのパイプの莨《たばこ》を好みませんでしたけれども、でも彼がこの妙な楽しみにあえて耽《ふけ》っているときには、いつもやっぱり嬉しく思いました。彼はそのパイプのことで、歌を一つわたくしの小さな楽譜帳に書いてくれました。

一

わがパイプみたせる莨《たばこ》は
安ものなれども心に親し
つれづれのパイプとるたび
そこはかとなくあわれは深し
われもまたこれに似たりと
語るに落ちて教うるなれば

二

パイプ、泥と土とより生る
われもまた同じきやからのすえ
いつの日か土にかえるさだめぞ
いくたびかそれわが手に落ちて
思わざりき、はや二つに割れぬ
わがさだめまた一つならずや

わたくしはこの詩のメロディーがたいへん好きでしたので、ある日ソプラノのためにイ短調に変えて、その歌を口ずさみながらスピネットのわきに腰をおろしました。そのとき、ゼバスティアンが例の莨《たばこ》をくゆらせて、ゆらゆらと長い煙を吐き出していたからです。彼はひどくわたくしの歌に喜んで、「メロディーがおまえの声によくあうね、おまえの口には、莨よりもよっぽどお似合いだよ。母さん、パイプだけは、おまえがくわえているところなんか見せないでおくれ」というと、わざとまじめくさった顔つきになって、こう付け足しました。「そんな真似したら、もう接吻《せっぷん》はしてあげませんよ」。

しかし、こうしたわずかな閑暇を除いては、私たちの結婚生活の間に、彼が時間を無駄にするのを見たことがありません。時間というものは神様の一番貴い賜物なんだよ、私たちはそのためにいつかきっと神様の前でちゃんと申し開きができなければならないのさ、と彼はよく申したものです。毎日毎日、彼は教え、作曲し、オルガンかクラヴィーアか、ヴィオラそのほか、何かの楽器を弾きました。それから家族の教育に打ちこみ、さらに時間の余裕があれば、だんだんに集めていた蔵書類に読み耽《ふけ》りました。とりわけ神学の本が彼の関心の的でした。こうした少し難かしい読物になると、わたくしは彼についてゆけませんでした。ましてやこれらの書物は大部分ラテン語で書かれていたのですから。

こうして彼は若い頃からいつも忙しい人でした。同時代の人たちがよく彼の業績の数々に讃歎して舌を巻きますと、いつもきまってしごくぶっきらぼうにこう言って答えるのでした。なあに、みんなこつこつやったというだけのことですよ、と。評判などというものはいっこう気にとめず、ただ実際に有能な音楽家たちが認めて下さったときだけは、彼も喜ぶのでした。

「僕が演奏するのはね」、といつか彼はわたくしに申しました。「世界の一番優れた音楽家に聴いて貰《もら》うためなんだ。おそらくその人はその席にいないだろうけれど――しかし、いつもその人がいるつもりで演奏するのさ」と。わたくしはわたくしで思いました。その人はいつだってちゃんとそこにいるじゃありませんか、ゼバスティアンが演奏しているんですもの、と。でも、こうした言い方は彼の大嫌いなことでしたから、わたくしはあえてこの考えを口に出しはしませんでした。そんなとき彼はきまって、「それはちがうよ、マグダレーナ」と答えるだけでしたが、でもちょっと眉をひそめたり、眼つきがちょっと暗くなったりするので、わたくしにはすぐ、これは気に入らなかったのだということがわかりました。しかし、今のお話の頃には、わたくしもまだ彼の気持を汲《く》んでどうするというような真似はできませんでした。まだまだわたくしはほんのよちよち歩きの「ねんね」で、自分の足がいったい誰の方に向かって行くのかもわからぬ有様でございました。

ゼバスティアンはアルンシュタットでオルガン演奏の完成にますます磨きをかけている間

に、一度リューベックへ行ってブックステフーデさまの有名な「夕べの音楽《アーベントムジーク》」を聴くために、賜暇《しか》を得たいと願い出ました。同市はそのために著名な音楽家という音楽家がはるばる各地から流れこんできていたのです。

アルンシュタットからですと、ゼバスティアンは二百哩《マイル》以上も歩いて行かねばなりませんでしたが、彼は鍛えに鍛えた旅行者でしたから、楽譜鞄《かばん》を背に、手頃《てごろ》の杖を手にして、霧の深い秋のある日、*勇んで旅路につきました。心の中の音楽がこよなき道づれであったことはもちろんです。彼は留守《るす》中オルガニストの代りをする若い人を一人見つけてありまして、一ヵ月の間留守《るす》にする許可を得ておりました。出発の時には、これまでの研究を完成するのにこれだけの時があれば十分と思いこんでいたのです――ところが、彼はリューベックで音楽のるつぼの中に飛び込むが早いか、とてもそんなに早くは引揚げられぬことに気づきました。事実、彼がアルンシュタットへ帰るまでには、数ヵ月の月日が経ってしまいました。「夕べの音楽」のために彼は一種の魔法にかかってしまったのです。童話に出てくる魔法使いのお婆さんが人間に向かって呪文《じゅもん》を唱えると動けなくなってしまうような、ああした呪縛《じゅばく》にかかってしまったのです。ただし、このリューベックの呪縛は決して悪性のものではあり

＊一七〇五年十月のこと。ディートリヒ・ブックステフーデ（一六三七～一七〇七）は当時六十八歳、北ドイツを代表する最大の名演奏家、作曲家。

ませんでした。年をとってからも、彼はあの降臨節《こうりん》の頃の素晴しかったことを話してくれました。毎晩彼は、蠟燭《ろうそく》があかあかと輝き、無言の聴衆に溢《あふ》れている教会へはいっては、ブックステフーデのカンタータ（声楽曲）をきくのでした。あのときの『小羊の婚礼』とか『神の化身、われらが救い主イエス・キリストの誕生を寿《ことほ》ぐ地上の魂の聖なる歓喜』のような生き生きとした思い出を彼は生涯いつまでも忘れませんでした。歌声と絃楽器と大オルガンとが彼の心を力強い至上の法悦《ほうえつ》でいっぱいにしました。オルガンがどんなに彼を惹《ひ》きつけたことでしょう！　そしてまた、この地のオルガニストの地位がどんなに好ましく思われたことでしょう。リューベックの方がまたアルンシュタットよりも遥《はる》かに活動が自由であることもわかりました。そのうえ、すんでのところで、リューベックのオルガンはわたくしの夫をわたくしから取りあげてしまうところでした。限りなく慈しみ深い神のみ心によって、わたくしが彼を得ますよりずっと以前に。

そのわけはこうです。ブックステフーデさまが彼に対して、自分の娘と結婚して自分の婿《むこ》になってくれるなら、よろこんで彼をこの教会の後継者にしたい、と申し出なさったのです。でも、なんという幸せ！　ゼバスティアンはこの娘さんの配偶《つれあい》になることはどうしても気が進みませんでした。この女性の気だてには気むずかしいところがあって、何としても彼の気に入らず、おまけに彼よりだいぶ年上なのでした。けれども、ゼバスティアンが父親のブックステフーデさまのお申し出のためにたいへん心苦しい思いをしたのはもちろんです。そして、彼の心に片時も眠ってはいなかったアルンシュタットへ再び帰る決心が新たに目覚《めざ》めることになったのでした。

アルンシュタットへ彼が帰ると、上司の人たちは、なぜそんなに長く留守にしたのか、といって詰問《きつもん》しました。彼は答えて、私がリューベックへ行ったのは、芸術を勉強するためで、そのためにはあらかじめ上司の方々からちゃんと許可を得てあります、と言いました。するとその人たちは、そりゃあたしかに四週間という許可だけはしたけれども、おまえはその四倍も長く留守にしたではないか、と申しました。彼はと申しますと、バッハ家の人たちすべてに特有な押し黙った強情な態度で、今いわれた言葉には馬耳東風《ばじとうふう》の様子を見せたうえに、確信ありげな親しい口調で、私の留守中は代理の者がちゃんと教会の感謝をうけてオルガンを奏いていてくれただろうし、それは事実なのだから、私が文句をいわれる理由はないのだといってつっぱねました。偉いお坊さん方はこのあけすけな態度にすっかり呆《あき》れはてて、今度は矛先《ほこさき》を別の方に向けたのです。そこでかれらはこの若いオルガニストにいろいろな罪をなすりつけました。オルガン奏楽の古来の慣例を勝手に変えたり、讃美歌中に奇妙な変奏曲を入れたりして教会を混乱させたとか、そのうえ、気に入ると普段より二倍も長く奏くことがあるかと思うと、またそのときの気分でいつもの半分しかやらないこともある、などという理由です。さて、ゼバスティアンのオルガン演奏を愛さなかったこの人たちが得たものといえば、ただ世間がこの人たちからゼバスティアンの音楽を取上げてしまったというだけのことで、わたくしとしては、ゼバスティアンがいささか頑固《がんこ》で押しが強すぎたかもしれないとは思いますけれど、さりとてこの人たちのために涙を流す気にはなれないのでございます。

そのうえ、コーラスの人がしでかした面倒《めんどう》な騒ぎ！　あるとき、ゼバスティアンは弟子の一人に本当に腹を立てて、興奮のあまり、コノ馬鹿メ、といったのです。それを遺恨《いこん》に思った若者はステッキをもって彼を道に待ち伏せていました。ゼバスティアンもすぐさま剣を抜きました。そして、もしそこへ馳《は》せつけた一人がこの喧嘩《けんか》に割ってはいってくれなかったなら、事は面倒になったにちがいありません。

しかし、この出来事で彼はますますアルンシュタットにいることに嫌気がさしてしまいました。もちろん、わたくしもよく存じておりますが、彼自身、自分の気性《きしょう》の厳格で頑固なのにはほとほと手を焼いておりましたのです。いつかもわたくしにこう言ったことがあります。音楽を魂とするほどの人は、ほかの人にましてそれだけ角《つの》を矯《た》めて牛を殺してしまってはならない、と。しかし平生《へいぜい》の彼は、ほかの人の特にフランスやイギリス、イタリーの音楽家たちがわが国にきてよくしたように、自分の感情のことなど少しも口に出しませんでしたから、音楽の上で知る以外、彼の人となりを知る人はほんのわずかしかおりませんでした。彼の感情は限りない力に溢《あふ》れ、その気性は極めて激しくぶっきら棒な調子でしたから、彼がたえず自分に課していた克己《こっき》の努力には、ただただ驚歎するほかはありません。しかし、彼が何かいったんすまいと決心したらもう梃子《てこ》でも動きませんでした。わたくしにしても誰にしても、いくらやらせようとしてもだめでした。そんなとき、彼はいたって穏かにことわるのでしたが、でもどんな干渉に合おうと、いかなる頼みもぜんぜん受けつけませんでした。幸い、彼を家長とする我家の安寧《あんねい》のためには、彼は非常に賢明で、めったにまず判断を誤ることはありませんでした。わたくしの生涯でたった一度だけ、愚かなわたくしは彼がまちがっていると思ったことがあります。どんなに厳格な性格だとはいえ、彼は多くの点で謙虚な人でした。ただ事が彼の地位の尊厳に関する限り、どんな些細《ささい》な侮辱にも黙ってはいませんでした。しかし彼は自分の方からも与えたものを要求しただけにすぎません――それは地位と身分に対する尊敬です。

私たちは若いころ、一時二人とも宮廷で過していたことがありました。わたくしは父の職の関係で、ゼバスティアンは自身の職によって。わたくしはゼバスティアンを自分よりもずっと賢いと思っていましたので、王さまや、神の思召《おぼしめし》による私たちの上司に対する彼の深い恭順《きょうじゅん》な態度が本当に正しいものにちがいない、と我が身にいいきかせねばなりませんでしたが、しかしわたくしの心の中には、彼こそは音楽家の中のみならず人間の王者なのだから、どんな王さまよりも偉いのだ、という考えが常に生きておりまして、ほんとうは王侯方こそ彼の前に兜《かぶと》を脱いで佇《たたず》み、ザクセン公のためなどよりも主のみ前にこそ捧げるべき音楽を奏でるあの彼の手、あの素晴しい手にこそ接吻しなければならないのに、と秘かに思っていたのでございます。

いつでしたか、侯が謁見《えっけん》にずいぶん長いこと彼をお待たせになったとき、わたくしは怒ってそのことを彼に話しましたところが、――めったにはないことですが――そのために彼とわたくしとはすっかり仲違《なかたが》いしてしまいましたのです。彼の考えでは、世襲《せしゅう》の大公には彼を待たせるだけの世襲の権利があるのだそうです。この問題では、夫でさえわたくしの誤りを正すのに手こずりました。この社会の醇風美俗《じゅんぷうびぞく》の基礎は秩序であり、それを統御するのは王たちの神から与えられた権利なのだ、と諄々《じゅんじゅん》として説く彼の言葉がわたくしにもよくわかりはしましたがわたくしは頑《がん》として自分の心の語るところを言いはりました。彼は何事によらず、家でも音楽でも国のことでも、秩序を信じ、またそれを礼讃《らいさん》し、支持していました。彼が秩序と義務とを主題とする言葉を音楽にせねばならないとき、彼は完全に幸福でありました。

わたくしはかつてライプツィヒで私たちに敬意を表しにきたある中年のフランス婦人のこ

とを思い出します。その方は自分で詩集も上梓《じょうし》なさっている方で、ゼバスティアンの音楽に心からの讃歎のことばを披瀝《ひれき》なさいました。その際彼のことを賞《ほ》めそやす極端な誇張が彼にはすこぶる気に入りませんでした。もうそれですぐこの方が音楽のことをたいして理解していないことがわかったからです。ゼバスティアンはこの無理解なおだてかたに軽い怒りを覚えました。そのうえ彼女は、彼が福音書の中のある句と讃歌に曲をつけたことを責めたてました。とりわけ租税と十分の一税のことを対象とするカンタータの句が、彼女のお気に召さぬ、というのです。

「こんな思想はあなたの天分にはあまりにも小さすぎるものですわ、ムッシュ・バッハ」とその方はすっかり熱中して甲高《かんだか》い叫びをあげました。「租税と十分の一税、法と秩序！——もしもあなたが、愛と美についての私のささやかな詩に作曲して下さるのでしたら——」「マダム」とその時ゼバスティアンは口をはさんで、いささか激したようにその貴婦人を見つめながら、「法も秩序もなく、義務の履行《りこう》もなく、正当な上司に対する服従もなくて、その名に値いするような愛だの美だのなんていうものは、どこにもありゃしませんよ」と申しました。

ところで、わたくしは彼の若い頃のお話からとんだ横道にそれてしまいました。彼の思い出のあれもこれも、あんまりたくさん一遍に押しよせてくるものですから、きちんとお話の筋を守っていくことがどんなに骨の折れますことか、ますます痛感するばかりでございます。

では、もとのお話に戻りましょう。アルンシュタットの新教会の宗務局はおそらく彼がリューベックに行って長く留守にしたことを理由なく非難するつもりはなかったのでしょうが、まもなくまたかれらの不満が表面化しました。彼はかれらの望むようなやり方で聖歌学校の少年たちを教えていない、というのです。

本当のことをいえば、ゼバスティアンは、本当に勉強する気があり、まじめによく勉強し、音楽を愛する生徒たちにとっては、常にすばらしい先生でした。けれども、アルンシュタットの聖歌学校の、乱暴でいうことをきかない少年たちにとっては、彼はあまりにも偉すぎて、またあまりに気短かでした。このことは後のライプツィヒのトマス学校の生徒たちにしても同じことです。

そのうえ彼は、見ず知らずの少女をオルガン台へ連れて行って一緒に演奏していたというので、たいへん非難されました。ところが、この少女は見ず知らずどころか、従妹《いとこ》のマリーア・バルバラ・バッハで、当時すでに彼はこの人と結婚するつもりであったのです。

しかし、こうした不愉快の数々はすべて些細《ささい》なことであるにしろ、彼の魂の調和を妨げるものでした。そして、どこかアルンシュタット以外のところに住みつきたいという願いはますます彼の心に高まってきました。すでに彼の本質にみたされた音楽は生れはじめていて、彼の全人格が、その強大な奔流《ほんりゅう》のとうとうと流れ出るべき、平安な、妨げられざる生活を求めていました。神の授けたもうたこよなく豊穣《ほうじょう》な才能によってすばらしい作品を生み出すために、いっさいの時間と労力を捧げる彼にかしずいて、日々のすべての地上的な役目をはたす妻が、彼には必要なのでした。この時ちょうどミュールハウゼンの聖ブラージウス教会付きオルガニスト兼音楽教師のポストが空席になったので、ゼバスティアンはそれを志願しました。たくさんの志願者が応募してきましたが、彼の演奏を聴くや、満場一致で何の苦もなく彼に決りました。この時、彼は二十二歳でした。今や彼は修業時代と放浪時代を終えて、師匠となりました。そしていま、昔ながらのドイツの醇風美俗《じゅんぷうびぞく》に従って、結婚して身を固め、お弟子をとる時が来ました。結婚からは子供が生れ、その血をわけた子供たちに自分の名前をあたえるように、弟子たちには自分の知識をあたえるのです。彼の眼鏡《めがね》にかなった幸福な乙女はまさしく従妹のマリーア・バルバラ・バッハでした。彼女は、彼と同時にアルンシュタットの伯母のところに滞在していたのです。バッハ家の人びとはみな一族を愛する心が強いので、この二人がそこで知りあったことはいうまでもありません。そして彼は彼女のうえに全《まった》き愛の祝福を注いだのでした。

彼の媒酌《ばいしゃく》をしたシュタウベル・フォン・ドルンハイム牧師は、後にご自身、バルバラ・バッハの叔母（レギーナ・ヴェーデマン）と結婚なさいました。わたくしはゼバスティアンの書類の中から教会記録の写しを見つけましたので、載《の》せておきます。

『千七百七年十月十七日、今ハ亡キ高名ナルアイゼナッハ市風琴師音楽家、徳望厚キ故アムブロジゥス・バッハ殿ガ遺児嫡男《チャクナン》、現ミュールハウゼン聖ブラージウス教会ツキ風琴師独身男子、信望篤《アツ》キヨハン・ゼバスティアン・バッハ殿ト、今ハ亡キゲーレン市風琴職、徳望厚ク芸能ノ誉《ホマ》レ高キ故ヨハン・ミヒァエル・バッハ殿ガ遺児末子《バッシ》息女、淑徳《シュクトク》高キ処女マリーア・バルバラ・バッハ嬢トノ縁組、アルンシュタットニ於《オイ》テ報告セラレタル後、ココニ恩寵《オンチョウ》深キ主ノ御特許ヲ得テ、芽出度《メデタ》クワレラガ神堂ニテ取リ結バレタリ』。

ちょっとした面倒もありましたが、ゼバスティアンはごく円満に上司たちと和解して、アルンシュタットを去りました。上司たちも、彼がアルンシュタットからミュールハウゼンまでの平原を家財その他の持物を運んで行けるようにと、荷馬車を用立ててくれる親切をもっていました。こうして彼はこの小さな町に住みつきました。彼の最初のお弟子は善良な愛すべきヨハン・マルティン・シューバルト*でありました。この人はその後十年もの長いあいだ先生と一つ屋根の下に暮し、毎日の共同生活のなかではかり知れないほど多くのものを学び、このことに報いるために真心こめた愛をもってたえず努力していたのです。彼はわたく

*一六九〇〜一七二一　ヴァイマルのバッハの後任となって活躍した。

しのお逢いせぬ前に亡くなってしまわれたので、本当にかえすがえすも残念に存じます。人の心が昔のことの思い出に傾いてゆくような時には、いつもゼバスティアンは彼のことを、とりわけ彼の最後の病気中のことを、いとしくてならぬような変らぬ態度で語るのでした。いいえ、それどころではありません。ゼバスティアンは二度も三度も、マルティンが彼の部屋にいるつもりになったことがありました。このお弟子は何事によらず先生の役に立ち、ミュールハウゼンの教会音楽を更新して主の栄光にふさわしいものにする大事業にも、先生の手足となってできる限りの手助けをしました。

　楽譜が前からの備付《そなえつ》けだけでは十分でなく、すぐにはゼバスティアンの思う通りにならないので、ゼバスティアンはさらに自分の収入でたくさんのよい音楽の譜面を買いこみました。また、彼の一番の心配だったオルガンもすっかり修繕しなければならなくなっていて、多くのストップがおそろしく不整備で、風琴管《パイプ》がそもそも使いものになりませんでした。彼はたいへんな骨を折ってオルガンを改修する計画をたて、彼の提案は容《い》れられてその修繕の監督を委《まか》されました。彼の希望によって、ペダルで奏くことのできる小さい鐘の音、すなわち「鐘楽《グロッケンシュピール》」がオルガンにとりつけられました。これは彼自身も当時たいへん気に入っていた発明でしたが、後年の彼は笑って、そんなベル装置なんて子供だましの馬鹿げたことだ、と申しました。元来、オルガンの音色の特質は音調の厳粛さと高雅な気品にあるのだから、と。

けれども、彼はこのミュールハウゼンにいつまでも長く留まる気にはなれませんでした。どうしても彼にはここが、彼の望むような教会音楽を発達させるに足りるところだとは考えられなかったのです。あのころ、学問のある神学者と博士との間にはたえず悶着《もんちゃく》*があって、愛するゼバスティアンは、そうした激しい論争などには煩《わずら》わされないひたむきの深い信仰をもった人でしたから、こんな軋轢《あつれき》ばかり多い空気の中では、とうてい彼の音楽は栄えないと見てとりました。そこで彼はミュールハウゼン市会にあてて次のような書を寄せました。

「小生事《こと》、常々初一念に徹し、神の光栄のため且《かつ》は貴意《きい》に添わんとして、完整せる教会音楽の実現に邁進《まいしん》、孜々《しし》としてこれを果し来り、あるいはまた微力をもって近隣小邑《しょうゆう》到る処に芽生えつつある教会音楽の助成刷新《さっしん》に努めきたり候《そうら》えども、事は意外に思うに任せず、支障のみ多きを憂いおり候《そうろう》。時にまた、爾今《じこん》事態一変するの期待もよもやあるまじく存じ候」。

そのうえ、この上申《じょうしん》に次の事項を一筆付加せねばならないほど、彼の収入は少なかったのです。「加之《しかのみならず》、小生の生計いかに節倹《せっけん》を旨《むね》とするも、家賃《やちん》の支払その他最小限度の経費果したる上はもはや飢餓線上を彷《さまよ》うのほかなき次第、謹しみて申添度候《もうしそえたくそうろう》」。

したがって彼に対し、ザクセン・ヴァイマルのヴィルヘルム公から、宮廷オルガニストと

＊正統派と敬虔派の対立。聖ブラージウス教会（敬虔派）は教会音楽には否定的で、バッハには都合が悪かった。

して室内楽教師の地位を委《ゆだ》ねたいという申出があったとき、この美しい森と丘にはさまれた明るい小都へ移れることを、彼はたいへん喜びました。ヴァイマルではまた、一七〇八年、結婚後三年目のクリスマスに、彼の最初の子供が生れました。カタリーナ・ドロテーアです。この女の子はわたくしが彼に嫁《とつ》いだ時は十三になっていましたが、いつでも我家の慰めであり、よい手助けになってくれまして、わたくしが小さい子供たちを育てたり、いろいろと主婦のつとめを果すうえで、実の血をわけた娘のようにわたくしを助けてくれました。わたくしがゼバスティアンの妻として彼の家に参りましたときおりました彼の子供は、みんなで四人――双生児だった可愛いレオポルトは、もう草葉《くさば》の蔭《かげ》に眠っておりました。そして、わたくしもまた我子を多勢、その草葉とやらの蔭に送らねばならなかったのでございます――揃《そろ》いも揃って優しい、よくいうことをきく息子や娘たちでした。わたくしがゼバスティアンの家のものとなると、もうまもなくから、この子たちがわたくしには血をわけた肉親のように思われれました。子供たちも、わたくしのことを実の母親のように思って見ていてくれました。わたくしがゼバスティアンを愛することができなければ、子供たちも愛せなかったでしょう。そして、子供たちは、彼の血肉であったと同じように、またやがてわたくし自身の血肉ともなったのでございます。彼が一番可愛がっておりましたのは、長男のフリーデマンです。この子は才能もあり、頭もよく、父親に似てとりわけ一つことに熱中しやすいたちでしたが、バッハ家に恵まれたいろいろの天賦《てんぷ》をもちながら、しかもバッハ家のもつ粘《ねば》り強さと叡知《えいち》とをまったく持ちあわせていなかったために、ついに父親の心を感情的に傷つける運命となりました。

ところで、私たちには、一番心配をかける子供が一番可愛い、ということがよくあります。ゼバスティアンがそうでした。もちろん彼の心はすべての息子や娘たちを父親らしい優しさで包容するだけの大きさと深さをもっていましたけれども、彼のフリーデマンに対する気持は、ちょうどわたくしの可哀そうなゴットフリート*に対する気持と同じようなものだと思います。フリーデマンには、輝くような強力な頭脳のよさがありましたし、わたくしの愛するゴットフリートは、「神童」とよばれるようなたちの子供だったのです。ああ、わたくしはいくたびとなく思うのです。全能の神様は、子供たちを通じて、一番深いみ教えを私たちに与えてくださるのだ、と。子供を生み、そしてまた失うという、この喜びと悲しみこそは、私たちを永遠の鎖に繋《つな》げる環《わ》なのでございます。

ゼバスティアンの話から察しますと、彼の生涯の数奇《すうき》な時代の中でも、ヴァイマルにいた時は非常に幸福であったことがわかります。事実、彼は初めて我家を家庭とよぶことができ

＊ゼバスティアンとマグダレーナの間の長子（一七二四～六三）。少年期以後、頭脳の成長が止まってしまった。

るようになったのです。彼がよく微笑しながら話してくれましたように、主婦のいない家庭などというものは、家庭とはいえないのですから。彼自身の母上は、まだ彼が子供のうちに亡くなってしまい、それ以来彼はいつも他人の家の居候《いそうろう》にすぎず、ヴァイマルで自分の家庭をもつまでは、宿なしだったのです。しかし、この神のお恵みによってヴァイマルで授けられた彼の家庭と家族のことは別としても、また彼には、その地で深い信仰心をもった、音楽に理解ある主君を得、あるいはまた、彼の甥《おい》*が真に音楽を深く深く身につけた魂の持主であることを発見するという幸福がありました。不幸にもこの甥は若くして主の御許《みもと》に招かれましたけれど。

立派な作曲家だった市のオルガニスト、ヨハン・ヴァルター**も彼に好意をもち、親切にしてくださいました。生涯を通じてゼバスティアンはただ自分の家族と、それから、われとわが心を満たすために彼を知り彼の音楽を理解してくれるごく少数の友人をしか必要としませんでした。名声とか賞讃を求める欲望は彼の心にはなかったのです。よその町々でオルガンを奏いたときには――いつも彼は秋に旅行する慣わしで、その旅行の唯一の原因がこれでした――おのずからの讃歎と感激が聴衆の中から爆発しました。彼はいつでも落着いてそれ

*長兄の息子ヨハン・ベルンハルト（一七〇〇～四三）は後にオールドルーフのオルガニスト。

**一六八四～一七四八　博学の理論家・作曲家で、バッハ家と縁が深く、与えた影響も少なくない。

を、賞讃によって当然彼の音楽のものとなるべき自然の関税と考えていました。彼が、賞讃されたからといって興奮したり、拍手が足りないといって不機嫌だったりしたのを見たことがありません。いつもわたくしは、彼が世間一般とは別の尺度《しやくど》を身につけているのを感じました。

とはいえ、わたくしは、彼が芸術を愛する人々の賞讃を快く思わなかったとか、それに感謝の気持をもたなかった、などと申すのではありません。たとえば当時、彼はカッセルでオルガンを奏いたことがありますが、そのとき皇太子さまが彼の腕前のすばらしさ、とりわけペダルの扱い方に驚歎されて、畏《おそ》れ多くもご自分の手から指輪を抜いておん自《みず》らゼバスティアンの指にはめてくださいました。そのとき以来、彼はいつも喜んでその指輪をはめて、このうえなく満足気に眺めておりました。

ところで、ゼバスティアンの腕前の本当にすばらしいことと申しますと、どうしてもわたくしは、ちょっとしたお話ですが、あるとき彼がそうした一つの限界を示した出来事を申し上げないわけには参りません。

ゼバスティアンはたびたび、すべて老練な音楽家というものはどんな種類の音楽でも楽譜を一目見てすぐ演奏できるのだということを見せて貰《もら》いたい、と所望されることがありました。ヴァイマルの同僚だった市のオルガニスト、ヴァルターさまが、冗談《じようだん》半分に、一つこの友だちをまんまと欺《だま》してやろうとお考えになったのです。これには後で二人共大笑いだったそうですが、ゼバスティアンは時おりヴァルターさまの所へ行って朝食をとるのでした。で、あるとき彼は友人の準備している食事を待っている間、ピアノのところへ行って、楽譜のおいてあるのを見つけると、もちろんさっそくに弾きはじめました。ところが、大して弾かぬうちに、二小節間にある音符でどうしてもつまずいてしまうところにぶつかりました。すっかり驚いて（というのは、彼は自分の曲よりも複雑な音楽にぶつかったことがなかったからです）、彼はもう一度最初からまたその曲を弾きだしましたが、同じ所へくると、また停滞しないわけにいきませんでした。このとき、半ば開いていた戸口でこっそり聞耳《ききみみ》をたてていたヴァルターさまが思わず吹き出してしまわれました。ゼバスティアンは立ちあがると、かなり腹を立てながら、「いや、何から何まで弾ける人はいないよ、そんなにわけなくできるもんじゃないさ」と申しました。後年彼は、臆病すぎる弟子たちを元気づけるために、よく自分でこの話をしてきかせました。

ヴァルターさまは特にゼバスティアンには深い繋《つな》がりを感じておいででした。それは、二人の母上が共にレンメルヒルト家の出であったからです。彼はゼバスティアンの母が生れたエルフルトの「三薔薇荘」もご存知でした。ゼバスティアンはこの母のことをほとんど覚えておりませんでした。あんまり若くして亡くなりましたから、息子の偉いことを喜ぶこともできないでしまわれたわけです。でも必ずや慈しみ深い神様は、母上が天国から彼の音楽を聴くことができるようにしてくださっていることでしょう。今でもわたくしは信じておりま す。ひょっとすると、牧師さまはこの信仰に同意してくださらないかもしれませんが、ゼバスティアンの音楽が天国で聴かれないとしたら、そんな天国はたいした天国ではなくなりま す。

ヴァイマル城内の教会を国民は「天城への道」と呼んでいました。そして、ゼバスティアンがそこでオルガンを奏している限り、たしかにそれは天国の町であったにちがいありません！ あのヴァイマル時代にゼバスティアンの友であった方がいつかわたくしに話して下さいましたが、あの教会で行なわれるすばらしい礼拝のおりに、ゼバスティアンの奏する敬虔《けいけん》な心ふるわす音楽はすでに信者たちの心にありとある天国の歓喜の味わいを覚えさせ、永遠不滅の頌揚《しょうよう》に値いするものだった、とのことです。わたくしはいつまでもこの言葉を忘れません。

ヴァイマルでは、ゼバスティアンはお城の小さなオルガンを伴侶としました。このオルガンを手にすること――いえ、足にすると申した方がよいかもしれません、彼のペダルの扱い方は当時の驚異であったのですから――を彼はたいへん愛しました。つまり、ヴァイマルにおいてゼバスティアンはオルガン奏者としても作曲家としてもその成熟の最高段階に達したのです。彼がとりわけ珍重したそのペダルは七つのストップがついていて、その一辺は三十二フィート、他の三辺は十六フィートあり、これによって、彼のことのほか愛した華麗で高雅な低音が生れるのです。ヴァイマルでこのオルガンのために、ゼバスティアンはたくさんのオルガン音楽、とりわけわたくしが、彼の奏くのが大好きな『オルガン小曲集《オルゲル・ビュヒライン》』を書いたのでございます。これらの讃美歌前奏曲中のいくつかをわたくしは彼みずからの指導で習いましたが、どれもこれもわたくしの未熟な腕ではとても完全に奏きこなすことのできないものばかりでした。背革と隅革のついたこの本をわたくしはよく知っておりますが、彼はこれを「オルガン小曲集」とよんでおります。「本書は、初歩オルガン奏者のために、讃美歌《コラール》一曲を各種技法により完奏し、同時に、本書所収の讃美歌集《コラーレン》をすべてペダルを主音部となすものとすることにより、ペダル法にも完熟するの手ほどきをなすものなり。かくて遂に学ぶは御心のみ、御心にこそ栄光あれ」。

わたくし自身はいつでもいたって「初歩」のオルガン奏きでしかありませんでしたから、本当に難かしい曲ばかりはいっているこの本には、奏けないものがたくさんございました。ところがゼバスティアン自身は初心者の遭遇する障害などはもう若い頃すべて征服してしまっておりましたから、こうした難かしさについて本当に同感し想像することができないのでした。でもまあ、彼がこの本のコラール前奏曲を奏くのを聴きます素晴しさといったら、何という喜びだったことでございましょう！　わたくしはただこの本を開きさえすればよいのです。そうすれば、過ぎ去った昔のすべてがわたくしの眼の前に蘇って参ります。若い頃にはどれが一番好きだったか、もう覚えておりませんが、今では他のどれよりもわたくしを慰めてくれるものが一つあります。それがゼバスティアン自身の声のようにわたくしに語りかけてき、忍耐心と希望とを呼びさましてくれるのですから。それは、この本のかなり終りの方にある、臨終の床にある人々のための曲「もろびとなべて死すべきもの」でございます。

彼がそれを上段鍵盤で奏いて、また八分音符と十六分音符の荘重な個所になると、ペダルを奏きます、そのときのうたう旋律《メロディー》の何という素晴しさ、そしてまたそれが何という平和な安らかさで心を満たしてくれましたことか！　ゼバスティアンのこよなく高貴な音楽はいつも死を思う心によって呼び出されるものなのでした。若い頃には、そのことがわたくしをやや驚かせましたが、今では彼の心の中がよくわかります。

それから、特に好きな前奏曲が二つ、それは共に四旬節期用と定められているものでした。「おお、神の羊よ、罪なきもの」と、もう一つ「おお、人よ、汝《なんじ》の大いなる罪に泣け」とです。このコラールの終節は、それをじっと身をふるわせながら聴いていますと、いつも心臓が止ってしまったのではないかと思うほど、悲しいあわれ深いものでございます。

でも今こうして、彼の音楽のことを思い、彼の音楽について語りはじめますと、もうわたくしはうっかりして彼の生涯のお話を書かないでしまうのではないでしょうか、そんな気がしてなりません——なにせ、この愛するオルガン小曲集は、あまりにもわたくしにとって、過去の幸福の思い出にみちみちており、その思い出をはねのけてしまうことはできない相談なのでございますから。

ヴァイマルにおります間に、ゼバスティアンはオルガンその他の楽器で誰にも負けない優れた完璧な大家に生長し、そのうえ新しい非常に有益な運指法を創案し採用していまして、世間の人々も、音楽に関することで、彼にできないものは何もない、と思うようにまでなりました。ゼバスティアンの名声はすでにドレスデンにも響いておりましたが、その頃このドレスデンに、ジャン・ルイ・マルシャン*という有名なフランスの音楽家がきていました。この人は立派な才能の持主でしたが、己惚《うぬぼれ》の強い人で、どこへ行っても自分の優越を示すことができるつもりになり、全楽界に向かって、自分と競演するよう挑戦しました。こうした真似などゼバスティアンはぜんぜん歯牙《しが》にもかけようとしませんでしたし、ましてそんな話を聞きにわざわざ出かけることなど思いもよりませんでした。ところが二、三のドイツの音楽家はこのフランス人の僭越《せんえつ》な要求に腹を立てて、ゼバスティアンに向かい、ドイツ音楽の名

＊一六六九〜一七三二　フランス国王宮廷及び聖オノレ教会のオルガニスト等の地位にあった。

誉のために立ちあがって彼と力比べをやってくれと矢のような催促《さいそく》で責めたてました。心ならずも渋々《しぶしぶ》彼は説き伏せられて、ついにマルシャンの挑戦に応じることになりました。そこでこの大家演奏の詳細はさっそくとりきめられ、フレミング伯爵のお邸で行なわれることになりました。宮廷の紳士淑女がおおぜい集まり、固唾《かたず》をのんでこの音楽競演の開始を待っていました。そのとき、無数の燭光《しょっこう》にきらめく壮麗な広間へゼバスティアンはいつに変らぬ落着きはらった様子で入って来ました。彼は、このフランス人がどんな音楽の課題を吹きかけても、敢然《かんぜん》とやってのけるだけの準備をしていました。ところが、当の外人紳士はひどく彼を待たせるので、暫《しばら》くしてから、やむなく下僕を宿にやって連れて来させるほかはない破目《はめ》になりました。使いの者はまもなく戻ってきて、紳士はその日の朝、特別駅逓《えきてい》馬車でドレスデンを立ち去った、というニュースをもたらしました。この人はおそらく前もってこっそりゼバスティアンの演奏を聴く機会を得たのだろう、と思われるのでした。その結果、これは優勝の栄冠を争っても、天分、能力、ともにとうてい太刀《たち》打ちのできないことがわかったうえに、自分の才能をゼバスティアンのそれと比べられたら赤恥をかかねばならないので、自分が招かれるのは遠慮して、最初から競演をしないことにするのが一番上策だ、と考えたものと見えます。

ここで白状致さねばなりませんが、このお話はゼバスティアン自身からではなく、ほかのその場に列席なさった方から聞きましたのです。彼は競演者をこっぴどくやっつけるなどということは決して喜びとしませんでした。いやむしろ、この出来事が話題に出ると、彼はいつもやや不機嫌になって、マルシャン氏は大変立派な音楽家だ、くだらない人たちのおかげで、話全体が大げさになってしまったのだ、と主張するのでした。いつか、ゼバスティアンがエルフルトにおりましたとき、そこでもマルシャンの悪口が出て、彼はそれをなだめながら、「そんなに皆さんが悪くおっしゃるのなら、一つあの人のクラヴィーア組曲がどんなに美しいものだか、きかせてあげましょう」と言って、クラヴィーアに向かい、腕によりをかけて優美な演奏をしてみせ、実際の曲よりも遥《はる》かに立派な表現をして、素晴しい音色を響かせたのでした。こうした寛容な度量を彼はほかのどんな音楽家にも示しました。彼をずばぬけて偉大であると感ずる人びとの感情を、彼自身はいつでもこうした豊かな心から生れる穏かな善意でおしなだめていたのでございます。

彼はいつでも自分の町、他の町の音楽家の演奏を熱心に聴きに行きました。とりわけ、ヘンデル*さまとお近づきになろうとしていろいろ骨を折りましたのに、目的が達せられませんでしたことは、本当に彼の失望でございました。この大家の音楽には、彼は驚歎し、いえそ

＊一六八五〜一七五九　バッハと常に並び称される同時代の巨匠。

れどころではございません、もうすっかり惚れこんでしまいまして、たいへんな時間をかけて、この尊敬すべきお方の全楽譜を書き写しました（この幸福な仕事はわたくしも喜んで手伝いました）。彼はまたライプツィヒでヘンデルの『わが主の悩み』の美しい演奏をみずから指揮も致しました。この二人は共にザクセンの、しかも同じ年の生れだったものですから、ゼバスティアンは音楽のほかにも何かこの二人にはつながりがあるような感じをもっておりました。そして、ヘンデルと逢うために、いろいろと方法を講じたのです。かつてヘンデルが故郷の町ハレにしばらく滞在しましたとき、*ゼバスティアンは彼に挨拶するためにケーテンから出かけて来ましたが、ゼバスティアンの夕方着いたその同じ日に、ヘンデルは再び出立してしまっておりました。十年の後、ヘンデルがまたハレを訪れたとき、ゼバスティアンは息子を通じて、自分はいま健康がすぐれずライプツィヒからハレへ出かけて行くことができないから、ライプツィヒでぜひお目にかかりたい旨《むね》のたいへん丁重《ていちょう》な招待状を送りました。ところが、ちょうど折悪くヘンデルさまも、おいでになれないご事情がおありで、ゼバスティアンはまたしても落胆《らくたん》して、もうこの讃歎措《お》く能《あた》わざる大作曲家にお逢いして演奏を聴く喜びを諦《あきら》めなければなりませんでした――彼は、ヘンデルの方でもやはり偉大な同郷

＊一七一九年頃のことである。

人である彼を訪ねることに熱意を示してくれるだろう、と内心期待していましたのです。ヘンデルはたしかにゼバスティアンの作品の高さを認めて下さるすぐれた音楽家でありました。たとえ、ヘンデルの名声はイタリーやイギリスにまでも響いて、ゼバスティアンの名はドイツの国内だけに限られていたと致しましても。けれどヘンデルは世間を求める人でした。自分の身のまわりに限りない大浪《おおなみ》を打たせて、たくさんたくさんお金をこしらえた人でした。それに対してゼバスティアンの方は、大げさなことはいっさい嫌いで、世俗を逃れ、自分の家庭で、家族の者たちの懐《ふとこ》ろの中で、静かに黙々と仕事に打ちこんだ生活でした。ただ秋にだけは、彼は毎年ちょっとした旅行をする慣わしでした。それも単にどこかの新しいオルガンを検査して、その疑問の個所について報告をするためにすぎませんでした。こうした鑑定《かんてい》の依頼はひっきりなしに四方八方からやってきました。それは、彼がオルガンを奏くことも鑑定することもどちらも同じようにすぐれた能力をもち、彼の判断はいつでも狂いがなく、かつまったく公平なものだ、ということがわかっていたからなのです。

彼の友人たちはよくこの事について、あんまり開けっ放しで正直すぎるから敵をつくるのだ、と言っておいででしたが、本当に彼は、誰かのために見て見ないふりをして、オルガンの小さい欠点は黙っておく、などという真似の決してできない人でございました。「ことオルガンに関しては、小さいことなんて何一つないよ」と彼は口癖《くちぐせ》のように言っておりました。こうして楽器を検査する時、いの一番に彼のやることはと申しますと、まず一度オルガンの全部の音を聴いて確かめるために、ストップをみな引き出してしまうのでした。よく笑いながら彼が申しましたように、「これはよい肺をもっているかどうか」と確かめるために。それからいよいよ微《び》に入《い》り細部にわたって、徹底的に調べるのでした。ですから、良心に欠けているオルガン製作者がゼバスティアンの検査を嫌がったのも無理はありません。

一七一七年の秋に、アンハルト＝ケーテンの若いレオポルト公が、ゼバスティアンに公の楽長《カントン》になるつもりはないかというご照会をお寄せになりました。ゼバスティアンはこの申出を喜んでお受けしました。彼はちょうどヴァイマルのこれと同じ地位が空席になり、その際自分の存在が無視されてしまったことにいささか感情を傷つけられていたところだったのです。と申しますのは、ヴァイマルで年とった楽長が亡くなりました時、ゼバスティアンは当然そのポストが自分に提供されるものと期待していました。ところが、それはたいして才能もない音楽家である故人の息子さんに委《ゆだ》ねられました。これにはゼバスティアンも本当にひどく傷つけられる思いがしたことでしょう。そこでまた彼は自分の憤懣《ふんまん》をあけすけにぶちまけて、ケーテンに行くために、今までの勤めをやめさせて貰《もら》いたいという要求を出しました。このはっきりしたやり方には、今度は大公の方が怒ってしまわれました。そこで事実、ゼバスティアンに一ヵ月の禁錮《きんこ》の命令が出されたのです。わたくしにとって、こうした人格的自由の欠如していることが、宮廷楽師の生活の中でも常に一番辛いことでございました。

でも日時がたち、怒りと苦痛が過ぎ去りますと、クリスマスには、ゼバスティアンは妻を連れてケーテンへ移住し、その地でヴァイマルよりももっと静かな、世間を離れた生活のできることをねがいました。その地にいる間ずっと彼は、城中の小さなオルガンを任せられただけで、当然の権利でもあり豊かな成果をあげるべきはずの教会音楽との結びつきの機会に恵まれませんでした。しかし彼は、何事によらずそういうたちですが、ここでもう全身全霊をあげて室内楽に傾倒しました。――その場合、若い公は大へん好意的で、深い同情を寄せてくださったのです。この方はご自身が立派な教養のある音楽家で、この芸術を熱愛し、楽長の功績をちゃんと評価してくださる方でした。その地でゼバスティアンとバルバラの間に生れた息子のことも、名付親になってくださるほど可愛がってくださったのです。この子は城中の祝拝堂で洗礼を受けるとまもなく、ほんのまだ幼ないうちに死にました。公が鉱泉に浴するためにカールスバートに行かれた時も、ゼバスティアンを楽長として同伴なさいました。ゼバスティアンはケーテンとあの地の安静と平和をことのほか愛しておりましたが、でも、特別な事情でこの地位を追われることがないまでも、永久に彼がこの土地に留まっていたとは思われません。なぜなら、彼は作曲家としての彼にとって最高のものを意味していた教会音楽、この彼自身の深い宗教的な天性の偉大な表現から、切り離されてしまっていたのですから。

ケーテンで、マリーア・バルバラ・バッハは亡くなりました。そして、十三年の結婚生活の間に生れた七人のうち四人の小さい子供たちを後に残しました。わたくしが彼の妻となったのも、ケーテンです。さてこれで、わたくしが彼の妻となるまでの彼の生活はできるだけの筆を進めて参りましたが、いよいよこれから一歩進んで、わたくしが彼の傍《かたわ》らで送った年月のことをお話いたしたいと存じます。

第三章　なつかしきバッハ

ゼバスティアンの信仰。わたくしの婚礼。ピアノ抄本と指先の器用なこと。父親の幸福、教師の幸福。平均律クラヴィーアと、フーガ健啖《けんたん》夫人。

ゼバスティアンという人は、彼を愛しているのでなければ、容易に理解できない人だったと思います。わたくしだって、最初から彼を愛しているのでなかったら、きっと理解できなかったことでしょう。あまり深い問題の話になると、彼はいつも控え目で、一般に、語る言葉の中には自分を現わさず、彼の人柄そのものに、そしてもちろんほかの何よりもとりわけ音楽の中に、自分を現わしていました。彼は、わたくしの経験で申しますなら、一番宗教的な人でございました。わたくしの存じておりますルッター派の立派な牧師さま方のことを考えますと、これは奇妙に響くかもしれません。説教と垂範《すいはん》とを生涯の仕事としておいでの方々には立派な方がおられました。けれども、ゼバスティアンの場合はぜんぜん別なのです。宗教は、彼にあっては、決して表に現われることのない、うちに潜むものであり、しかも脈々と存在して忘れられることのないものなのでした。

彼には、わたくしが時々、特に結婚当初の頃は、怖くてたまらなくなるようなものがいろいろありました。それは彼の善意の基礎となり、支柱となっている巌《いわお》のような厳格さです。けれども、何ものにもまして奇異に感じられたのは、あの孜々《しし》営々《えいえい》と多産であった全生涯を通じて彼につきまとっていた灼熱《しゃくねつ》的な欲求、すなわち、死をねがう心でありました。わたくしはそれがほんのときたま稲妻《いなずま》のようにひらめくのを認めたにすぎません。彼はそれをわたくしに隠していた、と思われるからです。きっとわたくしを怖がらせてはいけないと思っていたのでございましょう。わたくしはまだ若くて、彼ほど勇気はありませんでしたから。わたくしはと申せば、彼のもとを去りたいとも、この世を去りたいとも思うような憧憬《しょうけい》は少しも感じませんでした。彼がこの世にある限り、わたくしにとってこの世は美しかったのでございますから。今日、わたくしも年をとり、ひとりぼっちになって、彼を見送ってしまいました今では、すべてのものが完きものにされるところへ赴《おもむ》きたいという彼の憧憬をよく理解することができます。彼はその大いなる心の奥深く、十字架のキリストのお姿を抱いておりました。彼のこよなく気高い音楽は、復活せる救世主の幻影を描きつつ、彼の心から遁《のが》れてゆく、死をあこがれる叫びにほかなりません。

わたくしは優しい両親からルッター派の信仰でたいへん敬虔《けいけん》な教育を受けましたが、ゼバスティアンの宗教はもっと遥《はる》かにひろいものでありました。このことをわたくしは、婚礼後の第一日目に、すぐと感じました。お客たちが皆帰ってしまうと、ゼバスティアンはわたくしの傍《かたわ》らに歩みより、両方の手でわたくしの顔を持ち上げるようにして、じっと見つめながら、「マグダレーナ、僕はおまえのために、神に感謝します！」と申しました。わたくしは一言も答えることができなくて、ただ彼の胸に身を寄せると、静かに、でも熱情こめて、「神さま、どうぞわたくしを、彼にふさわしきものたらしめて下さいませ！」と祈りました。とつぜんわたくしは、我身の若さと、こうした人の妻となることを承諾《しょうだく》したときに我身に引受けた責任の重さとを、感じたのです。もしもわたくしが何かで彼を不幸にするとすれば、たぶん彼の音楽も台なしにしてしまうことでしょう。彼はいつも申しておりました、不協和音は和音の近くにあるほどそれだけ強いものだ、だから夫婦の不和というものは一番耐えがたいものなのだ、と。私たちも、この地上に生きる人なら誰にでもあるような困難や不安はありましたけれど、でもそれはいつでも、私たちの人格の外にあって、決して私たちの愛に触れることはありませんでした。

彼はわたくしより十五歳も年上で、すでに一度結婚をした人でしたから、常々わたくしに親切で寛大にしてくれることは、おそらくたいして難かしいことではなかったのでしょう。

わたくしは躾《しつ》けが届いていましたので、料理や裁縫などは一通りできましたが、世帯や子供たちのことはもちろんまだ背負いこんだことはありませんでした。わたくしは母がたいへんよくできた腕のよい主婦でしたので、一家を切り盛りして家族の人たち皆によい思いをさせることがどんなにたいへんなものかということを少しもまだ知らなかったのです。ゼバスティアンはだらしのないことが大嫌いだということはすぐにわかりました。書類や持ち物はちゃんときまった方法で保管され、取扱われていまして、その慣例を覆《くつが》えすことは許されませんでした。彼は浪費を憎み、また几帳面《きちょうめん》でないことを嫌いました。几帳面でないというのは、彼にいわせれば、たいへん高価なものとか、二度と手にはいらないかけがえのないものとか、時間を無駄使いすることとでした。最初のうちはわたくしも、少々気がきかないで忘れっぽかったりしましたが、彼はじっとわたくしに辛抱《しんぼう》してくれまして、まもなくわたくしも、何が彼の気に入らないかを呑《の》みこんだので、よく改めました。彼の気に入ること、彼の家庭を世界中で一番幸福な場所にすることが、わたくしのただ一つの考え、唯一の努力だったのでございます。

私たちが結婚してからちょうど一週間目に、ゼバスティアンをたいへん重んじて目をかけてくださるアンハルト＝ケーテン公が、ご結婚の式を挙げられました。

この尊いご婚礼が私たちの生活にある決定的な影響を及ぼすことになろうとは、思いもよらないことでしたが、でもそれは事実となりました。つまり、それがしばらくして私たちのライプツィヒへ移り住むもとになりましたのです。私たちの生涯に残された最後の全部をそこで過しましたあのライプツィヒへ。

結婚なさるまでの公の何よりのお楽しみは、よい音楽をお聴きになることでした。そして当然、公のもとにおける音楽といえば、終始楽長《カントル》ゼバスティアン・バッハのものときまっておりました。公は他の諸侯のように大規模な音楽会を催されるほど裕福ではいらっしゃいませんでしたけれど、ささやかながらも、音楽会は、ゼバスティアンの指揮で、類《たぐ》い稀《まれ》な荘厳なものになりました。何しろゼバスティアンのたくさんの作曲をこの機会にはじめて聴くことができたのですから、それも当然でございましょう。ところが、公の新しい奥様は、背《せ》の君があんまり音楽の楽長のことに時間を費しておいでなのにお気づきになり——たぶん少しは嫉妬も手伝って、それにまたこういう不思議に内面的な室内楽には退屈なさったこともありましょう、高貴なお生れの方々には、こうした生真面目《きまじめ》な音楽にはあまり興味をもたない方がよくありがちでございます。

ともあれ、数ヵ月ならずして、私たちの公のお気持に変化が起りました。次第に公は自分で演奏なさることをおやめになり、それどころか音楽会も怠《おこた》りがちで、もう音楽家たちを励ますこともなさらなくなり、やがてケーテンの宮廷では、音楽は色あせて遂に亡びるにいたりました。ゼバスティアンはびっくりして、ますます不幸になるばかりでした。彼はこんな冷たい空気の中で生活するに忍びませんでした。ある日、彼はすっかり打ちひしがれて家へ戻って参りましたが、それは、ある乞いが容《い》れられず、拒絶のご返事をいただいて、もう公の関心が音楽から繊細で気難《きむず》かしいお姫様の方へ完全に移ってしまったことを見せつけられたからだったのです。「マグダレーナ」と彼は暗い顔をして申しました。「僕たちはケーテンを離れて、どこか他処《よそ》へ行かねばならん。ここはもう音楽家のいる所じゃない、おまえ、この小さい世帯をたたむつもりになってくれるかい」。そこでわたくしは当然のことながら、わたくしの故郷こそ彼の住みよい土地になるにちがいないと答えて、できるだけ慰めようと努めました。けれども、ケーテンを去るという考えは、私たち二人にとってなま易しいものではありませんでした。彼はこの町を愛しておりましたし、わたくしにとってはここは、結婚して最初の家庭をもったところを意味しておりましたのですから。

奥様方ならどなたでも、こういう思い出を秘めた土地を離れることがどんなものか、よくわかっていただけると存じます。私たちがケーテンにおりましたのはほんの一年そこそこでございましたけれど、でもこの一年はわたくしにとって驚異にみちみちておりました。彼と共に生活し、毎日彼を見ることができるなんて、わたくしの夢にも思わなかった、かつて経験したことのない幸福でございました。ずいぶん長い間わたくしはまるで夢の中のような驚きの状態にうろついておりまして、ゼバスティアンが外出しましたあとなどはよく、もう自分はこの夢からさめて再びもとのあわれなアンナ・マグダレーナ・ヴュルケンにかえってしまい、二度と楽長バッハの妻ではなくなるのではないか、という不安に襲われるのでした。でも、そんなとき彼の足音が表の戸口に聞えますと、わたくしは彼のところに跳んで行き、子供を甘やかすような優しい言葉をかけながら近づいてくる彼の腕にわれと我身を押しつけて、もう大丈夫と思い、魔法のようなこの夢を本当に豊かな掛け替えのない現実として感じるのでした。

結婚してまもない頃、彼はわたくしのために自分でこしらえた一冊の音楽帳をくれました。――今でもそれは持っています。どんなに貧しくなっても、これだけは、わたくしの生きている限り、肌身離さずもっております。

ある晩のこと、わたくしは四人の小さい者たちを寝《やす》ませてから、階下の居間の卓上蠟燭《ろうそく》のもとに腰をおろして、とある楽譜から符を書きぬいておりますと、彼がこっそりわたくしの背後に歩みよって、背と隅が革になっている美しい緑色の装丁の、長方形の小冊子を眼の前におきました。その第一頁にはこう書いてありました。

妻アンナ・マグダレーナ・バッハに贈る

クラヴィーア小曲集
一七二二年に。

そこで、夢中な指先で頁を繰《く》ってみますと、その間彼はわたくしの後ろに佇《たたず》んで優しく微《ほほ》笑《え》みながら見まもっておりましたが、この本の中にはわたくしのためにやさしいクラヴィーア曲が書きこんであることがわかりました。つまり、彼はわたくしにクラヴィーアを教えはじめていたのです。結婚当時わたくしは少しは弾けましたけれど、まだたいして進歩しておりませんでした。そこで彼は、わたくしを喜ばせ、元気づけ、一番楽しい方法でわたくしの未熟な技倆《ぎりょう》を高めるために、旋律《メロディー》の美しい小曲を書きこんでくれたのでした。その中には、荘重でとりわけ美しいサラバンド（舞曲）が一つ――組曲とパルティータの中のゼバスティアンのサラバンドはいつもきわだって魅力のあるものに思われ、特によく彼の本質を現わしているように見えました――と、わたくしのよく知っているとても明るい小さなメヌエットがありました。とはいえ、どの曲もみな、どんなピアノでも勉強せずにはいられなくなるような魅力をもっておりました。

ゼバスティアンはいつでも、自分の高いレベルから降りていって、どんな子供、どんな初心者でも優しく手をとって技術を教え、一段と完全な高さにまで引きあげてやることをいといませんでした。弟子のこととなると、何ものも彼の忍耐心を奪いとることはできませんでした。ただ、不注意と無関心だけは別として。

どんな風に彼が教えたか、それさえ書けたならば、と存じます。世界中探しても、これ以上の教師はありますまい。それほど彼は熱心で、辛抱《しんぼう》強く（怠ける者だけは別ですが）、倦《う》まず撓《たゆ》まず努力しました。その目と耳はどんなに小さな欠点でも決して見逃さず、いい加減な点があれば必ず叱らずにはいませんでした。若い弟子たちが彼のところに入って行くとき、興奮のあまり震えているのを、わたくしは見ました。そしてまた彼らが出てきたとき、彼の親切に感激して、ときには、眼に涙さえ浮べているのを見ました。また稀には、いったん彼が機嫌を損ねると、彼らの真《ま》っ蒼《さお》になっているのが見受けられました。けれども、そこ《そこ》には彼の激情的な性格が爆発しました。それは特に、何かちょっとした、人を欺《だま》すような行為に感づいたときがそうでした。あるとき彼は自分の鬘《かつら》を引き裂いて、一人のお弟子の頭に投げつけ、吐きすてるように、詐欺師《さぎし》奴《め》、法螺《ほら》吹《ふ》き奴、と罵《ののし》っているのが見受けられました。そのお弟子が輝かしい効果を出すのに、いんちきなごまかしの手を使おうとしたからだったのです。

わたくしに教えてくれますときには、天使のように忍耐強い人でした。彼の足もとに腰をおろして学んだあの幸福なときのことは、死にいたる日まで忘れることのできないものでございます。もちろんわたくしに対しては、彼の養成している若い職業音楽家志望の人たちに対するほど真剣なものではありませんでしたし、またわたくしも最初の数年は子供たちの世話でたいへんで、自分の音楽はいつでもまったく高尚な、心を慰める手すさびとしておくほかはありませんでした。けれども、結婚した最初の年には、彼も真剣になってクラヴィーアを教えてくれ、数字つき低音部の弾き方まで教わりましたし、そのうえまたオルガン演奏法もしばらく教授して貰いました。わたくしが最初にオルガンを勉強したいと申しましたとき、彼はちょっと笑って、こういう可愛い奥さんには、そいつはちと大きすぎる楽器だね、と申しました。「僕がいったんストップをみんな抽《ひ》き出したら、それこそおまえは耳の穴に指を突っこんで、大あわてで家へとんで帰っちまうだろうよ」。

でもわたくしはこんな愛情にみちたからかいの言葉にもめげず、彼かわたくしの暇さえあれば、レッスンをして貰い始めました。――彼もわたくしに負けないほど、つまり、たいへんこのレッスンを楽しみにしていたようでございます。オルガンの鍵盤を押すというだけでも、それはもう特別な興奮です。さきにもお話いたしましたように、わたくしは結婚前からすでに、少しはクラヴィーアを弾いておりましたが、でもオルガンはぜんぜん別でございます！　三段の鍵盤が骨の折れますことも、わたくしにはさして苦にはなりませんでした。オルガンのメロディーを前列下段で奏《ひ》きながら同時にバスを中段で奏くのには、だいぶまごつきましたけれど、しょっちゅうやらねばならないことですから、まもなくそれにも馴《な》れました。けれども、ペダルには足を使わねばなりませんので、これにはほとほと当惑《とうわく》しました。最初まず四声の歌謡を両手で奏《ひ》き、それからバスを足で奏かされました。これにはまったくどぎまぎしてしまい、妙なめまいまで起す始末でした。わたくしは両手を鍵盤の上におき、足をペダルにのせたまま、もうたまらなくなってやめてしまい、傍《かたわ》らに立っているゼバスティアンを見つめながら、気もそぞろに叫びました。「もう駄目《だめ》、知らない、これ以上できませんわ」「お馬鹿さん」とゼバスティアンは答えました。「教会にいるんでなけりゃ、接吻してあげるのにね！」こんなことを言ってからかいながらも、彼はわたくしには限りない寛容な態度で、とうとうわたくしも、骨を折って練習した揚句《あげく》、足の爪先《つまさき》でひとつひとつ時間をかけて探すような真似《まね》はしなくても、どうやらペダル符を奏くことができるようになりました。最初から彼はペダル符を眼で見ることを禁じました。「いちいち間違ってやしないかと見て確かめなけりゃ鍵盤が押せないなんて、もってのほかだよ」と彼はいつも申しました。「そうやってペダルを探すのは、下手糞《へたくそ》なオルガン奏きだけさ。おまえが下手な真似をすれば、僕だって勘弁《かんべん》するわけにはいかん。どうせおまえはオルガニストの道を大して進んで行くわけじゃないんだが、それでもせめて正しい道は歩《あゆ》まにゃいけないよ！」。

事実、わたくしはこの労苦多い壮大な道を深く分け入るにまではいたりませんでしたが、それでも、ゼバスティアンがこの芸術においてどんなに比類のない驚歎すべき域にまで達していたかを理解できるだけのものは得ておりました。とりわけオルガン演奏の難かしさをぜんぜん知らない人びとには、彼のするようなフーガとコラール前奏曲の演奏が何を意味するか、少しも評価できません。ですから、世間ではこの芸術を海中の魚一匹のように思うかもしれません。そして、この大家の最愛の妻であるわたくしは、彼の才能に対して、決して愚かな、口もきけない、耳も聴こえない魚でありたくはなかったのです。不完全ではあっても、何とかこの楽器を使えるようになりたいと思って費したわたくしの努力と時間は、一生の間に豊かな報酬となって我身にかえってき、後になればなるほど、ゼバスティアンがこの最愛の楽器、王者のごときオルガンのために書いた幾多の立派な作品を味わっては、まったく特別な限りない喜びにひたることができるようになったのでした。

クラヴィーア小曲集のほかに、彼はまたわたくしのために、オルガン用の幻想曲も始めていましたが、それには完成するだけの余暇が足りませんでした。けれども、オルガンをますます愛しはじめたわたくしは、しかもそれが、彼が好きだからという理由にしろ、またあるいはこの楽器のために一番高貴な気高い音楽が書かれたからであるにせよ、まったく特別な愛情をオルガンのうえに注ぎました。――それは、彼の本質が最も純粋に表現され、彼の天性と魂が最も直接に語り出ている音楽です――わたくしの知るところでは、数多くの識者やすぐれた評家の方々は、彼のカンタータ（声楽曲）を特に選び、またその他の人々も彼がクラヴィーアのために書いた愛すべき作品を好むようでございます――ほんとに、何か一番よいものを選び出すということは、考えだせば考えるほど、できないことです。ただ人びとは書物の言葉をかりて、こう言えるにすぎません。「ひとつひとつ星を仰げば、その輝きのいかばかり異ることぞ――」。

ところで、わたくしのお話し申し上げようと思っていたこと、つまりゼバスティアンの教え方からだいぶ脱線してしまいました。彼のやり方は彼独特の工夫に工夫を重ねた方法によるものでございました。彼は「勉強しようと願う青年」のためならどんな労苦もいとわなかったのです。初歩の者たち、例えば自分の息子たちにクラヴィーアをやらせるときには、いつでも次のような方法をとりました。まず最初に教えたのは打鍵法と運指法です。つまり、彼は、あの指の下への親指の自然交叉とよばれていることを最初に応用した人でありました。それまでも親指そのものをひろく利用する演奏者はわずかながらおりまして、親指を他の指の上へ渡すということはしていましたが、それがまたたいへん不器用なものなのでした。ゼバスティアンもこの指を他のどの指よりも優先して、顫音《せんおん》（トリル）や装飾音のために用いました。彼はこうしたすべてが完全に自由自在にできるようになるまでは、実際の演奏を決して許しませんでしたが、しかしこうしたお弟子のためには、たくさんの小さな練習曲もちゃんと書いてありまして、それはまた指の熟練ということも第二の目的としたものなのですが、しかしお弟子の気分を楽しませ、美しいメロディーを楽しみながら人一倍愉快に勉強させることができました。よく見かけたことですが、お弟子がクラヴィーアに向かって何か一定の難かしい個所と悪戦苦闘していますと、彼はそのクラヴィーアからくるっと身を翻《ひるが》えして大きな紙を取り上げ、手早く、といってもその手は考えの早さには追いつきませんが、何かちょっとした「創意曲《インヴェンション》」を書きつけて、見せてやるのです。その曲では、その問題となっている難かしいところが極めて明快で魅惑的な形に変えてあるので、当のお弟子は彼と音楽とに対する心からの愛情をよびさまされて、また新たな勇気を奮い起して練習に立ち向かうことができるのでした。それからまたよく彼が、弟子たちに、こう言ってきかせているのを耳にしました。「君たちはどっちの手にも、僕と同じ五本とも健全な指をもっているんだ。その指で練習するんだから、僕と同じだけ弾けるようになるはずなんだ。要はただ、勉強だよ!」。

いつでも彼が一番可愛がっていた、そしてまた彼の愛弟子でもあった長男のフリーデマンのために、この子が十歳になったとき――それは私たちの結婚の一年前のことです――彼は一巻のクラヴィーア小曲集を書きました。フリーデマンがそれをすっかりものにして、それから後、順々に利用した他の子供たちもそれをいわば卒業してしまいますと、わたくしはそれがなくならないように、気をつけて仕舞い込みました。なぜなら、ゼバスティアン自身は自分のわずかな作曲類をたいして大事にしなかったからです。作曲したものが何かなくなったり、子供の誰かが置き忘れたりしますと、ゼバスティアンはいつもにこにこしながら、「ようし、それじゃあまた、他のを書くとするか」というのでした。彼の精神には、ちょうどハンブルクのわたくしの老叔母の家の庭にあった桜の大木のように、とてもたくさん実がなるのでした。

フリーデマンのクラヴィーア小曲集には、第一頁にまず音部記号と主な装飾記号が書いてありました。それから、丹念に詳細にわたって運指法を書きこんだ小曲があり、アプリカチオと名づけられていました――その冒頭に、「基督の名において《イン・ノミネ・エス》」という言葉が書いてありました。この名において、彼は大小を問わずすべての彼の音楽を書いたのです。今でもはっきりおぼえておりますが、あるとき、私たちの居間で、彼のつくった短かいジーグ（舞曲）をわたくしが弾くのにあわせて、小さいのが二人踊りまわっておりますところへ、彼がはいってきて、わたくしと顔をあわせましたので、わたくしは楽しさのあまり、彼に向かって、「きっと、幼な子のイエスさまでも、このメロディーにあわせて踊りたくなりますわ！」と叫びました。そのときの彼の嬉しそうな様子といったら！　いきなり彼はわたくしの所へきて、わたくしの首すじに唇《くち》づけすると、「そいつはおまえ、すてきな思いつきだね」と微笑しながら申しました。わたくしも、自分の思いつきが彼の気に入ったので、ほんとに嬉しゅうございました。いえ、それればかりではありません、彼ならば本当に天国の子供にふさわしい、美しく楽しい音楽がつくれるのだ、とわたくしはしんから思いました。あのクリスマス・オラトリオの揺籃《ゆりかご》の歌（子守歌）ならば、本当に聖母マリアさまだって神の子エスさまにうたって聴かせてあげたくおなりになるにちがいない、と。さらにまた、ゴルゴタの丘の上の救い主キリストのために書かれた彼の音楽も、これにまさる偉大なものでした。あの十字架上のキリストを描く偉大なミサ曲の響きが、それをよく私たちに証してくれます。ゼバスティアンの初めの頃の総譜には、いつでもその終りに Soli Deo Gloria——神を頌《たた》えまつりて誌《しる》す——と書いてございます。

フリーデマンのために、彼は二声や三声の創意曲《インヴェンション》をたくさん書きましたが、一年後にはそれを完全な一巻のものに拡大して、次のような名をつけました。

「クラヴィーア愛好者、なかんずく熱意ある勉学者に明瞭なる方法を教える誠実なる手引き。特に（一）二声の正しき演奏法のみならず、より以上の段階をも修得せしめ、（二）三主音部の正当なる処理、並びに良きインヴェンションの発見と発展の方法を識得せしめ、なかんずくうたうように演奏することを要求し、また同時に作曲法について力強き予覚を得るにいたらしむるものとす」。

　さて、このようにしてゼバスティアンの尽しましたあらん限りの配慮と努力のおかげで、上の息子二人がたいへん立派な音楽家となりましたことは、怪しむに足りないと存じます。フリーデマンは当時父親以外には誰にも負けないオルガニストとなり、エマヌエルは当時最大のチェムバロ演奏家で、同時に特異な資質ある作曲家となったのでございます。

　私たちが一七二一年に結婚しました時、フリーデマンは十一、エマヌエルは七つで、小さなヨハン・ゴットフリートが六つ、愛らしいカタリーナがフリーデマンよりも二つ年かさでした。こうしてわたくしは最初から小さい家族の面倒を見る母親の役をしなければなりませんでした。それに、子供たちも、優しい父親の例を見ならって、まもなくわたくしを心から愛してくれ、嬉しいにつけ悲しいにつけ、わたくしを親身《しんみ》に思ってくれました。フリーデマンだけは長男でもあり、もう少しは父親の責任ある手助けにもなっていたので、初めのうちは少し打ち解けませんでしたけれど。でも私たちはみんなお互いにとても幸福でした。とりわけ、ゼバスティアンにおねだりして、宮廷のたくさんのお勤めや作曲の仕事やお稽古《けいこ》などを放って、郊外のピクニックにつれて行ってくれるように決心させたときは、ほんとうに幸福の絶頂でございました。それから私たちは少しばかりのお弁当を鞄《かばん》につめて、郊外の樹蔭《こかげ》で、楽しくお食事を平らげました。彼と子供たちはふざけっこをやって走りまわり、みんなでいつもよりもうんとたくさん大笑いして、そのうえあんまりみんな大わらわになってぱくつく始末なので、それから後はもうこれにこりて、こういう遠足のときはいつも予《あらかじ》めもっと上手にお弁当をこしらえて行くことに致したくらいです。わたくしもまるで子供たちの一人みたいに若い気になって、ときにはたしかに既婚の女性らしい慎しみまでも、忘れてしまったようでございます。それも、ゼバスティアンがあんまり朗らかで、いろんな思いつきがあとからあとからとび出してきて、洒落《しゃれ》や冗談《じょうだん》をしこたま製造しては私たちみんなに感染させてしまったからなのです。それから、子供たちが疲れてしまって、小さいヨハンがわたくしの膝に上るようになると、ゼバスティアンは子供の頃アイゼナッハでおぼえたお伽《とぎ》ばなしや伝説や、それよりももっと面白かったのは、彼と同じくアイゼナッハに暮していた人たちの生活とか、聖エリーザベットや逞《たくま》しいマルティン・ルッターの生涯などの、本当にあった出来事を話してきかせてくれました。それからやがて夕日を浴びながら家路につき、疲れた子供たちを寝かしつけてしまうと、もうわたくし自身もへとへとになって、安らかな気持でゼバスティアンの傍らに腰をおろし、彼と手を組みあわせ、頭を彼の肩にのせて休むのでした。これこそ、神さまがケーテンの私たちに贈って下さったこのうえない幸福の日々なのでございました。

それからまもなく、わたくしはもっと大きな幸福を経験致しました。子供を恵まれたのでございます。わたくしは自分の初めての子供を持って胸を躍らせました——妻ならば決して忘れられないそのときを。フランネルとおむつがそっくりみんな暖めるために暖炉の上においてあった時、親切な年とったお産婆《さんば》さんがもう一度ゼバスティアンをわたくしのところに連れてきてくれました。彼は少し心配そうな面持《おももち》でしたが、でも一段と明るい声で言いました。「ねえ、おまえ、バッハ家の妻はみんな子供たちのよいお母さんだったよ」――でもそれから急にうって変った声で、わたくしを抱いてくれながら囁《ささや》きました。「可哀そうな小羊のおまえ、このおまえが苦しい思いをしなけりゃならないなんて、僕には耐《たま》らないよ！」そして、この言葉、この声の愛する響きは、私たちの初子が無事生れ落ちるまで、わたくしを慰め励ましてくれました。

私たちは全部で十三人の子供をもちました。神の祝福は私たちに味方して、ちょうど夫の家の塀《へい》にからんでいた葡萄《ぶどう》のように、彼はわたくしをよく実る子福者《こぶくしゃ》にしてくれました。そしてまた、彼は家族の何というよき父親でありましたことか。彼が食卓の上座に坐って、息子たちや娘たちの一番先頭に自分と並んで愛するフリーデマンをすえ、一方わたくしは反対側に末っ子を膝にのせて、生えたての小さな歯でも食べられるように世話をやいている、そのときの彼ほど、わたくしには立派にまた威厳のある風に見えたことはございません。

ときどき彼のうえに暗く蔽《おお》いかぶさるある種の気難かしさも、私たち一家の団欒《だんらん》の際には跡形《あとかた》もなく消え去りました。彼はまったく開けっ放しの快活な愛情そのもので、子供たちの話すことには何でもいちいち興味をもって、どんな小さな子のどんな小さな片言《かたこと》の報告もいい加減《かげん》にはしませんでした。すべての子供たちの父親に対する自然の義務ではありますが、みんなゼバスティアンには尊敬と畏怖《いふ》の心を示しました。けれども、子供たちの愛情の中で恐怖の占めている部分は、普通のよその子供たちよりも遥《はる》かに小さいものでした。そして、彼が子供たちの誰に対してでも手を振りあげたことはただの一度もなかったことを、わたくしははっきり証言することができます。それにつけても思い出しますが、あれほど優しかったわたくし自身の父でさえも、わたくしがほんのまだ小さかったころには、何度かわたくしを打ったことがございますもの。そんなに甘やかしてはかえって子供を悪くする、とよく知人たちからは言われまして、わたくし自身も、フリーデマンの欠点はこうした懲《こ》らしめが足りないせいではないのか、とよく自問したほどです。この子は他のどの子よりも一番気むずかしやでございましたから。子供たちにとって、父親の機嫌の悪い時は、彼の声が一段と低くなるか、それとも彼がさっと稲妻《いなずま》のように眉毛をよせるだけで、もう十分でした。それだけでもう、秩序と服従は回復するのでございました。

あるとき、フリーデマンが父親にわざと嘘をついたときには、ゼバスティアンはそれですっかり失望しまして、一日中フリーデマンとは口もきかず、顔も合わさなかったほどでした。フリーデマンの方もこの上なく不幸な顔をしてうろうろしておりました。私たちみんなのうえにも雲がかかって、ゼバスティアンの不幸な様子を見ては、わたくしも息苦しくなる思いでございました。日が暮れますと、わたくしはこの子がベッドに顔を押しつけて激しく泣きじゃくっているのを見つけました。「フリーデマン」とわたくしは申しまして、あの聖書の放蕩《ほうとう》息子のたとえを思い浮べずにはいられませんでした。「なぜお父さんのところへ行って、おゆるしを願わないの」「だって、母さん」とこの子は答えましたが、その母さんという呼び方は、その時がはじめてでした。「僕、こわいんだもの！」「一緒にいらっしゃい」とわたくしは明るい声で叫びました。「さあ、一緒に行きましょうよ！」そこで、少年はベッドから起き上ると、涙でいっぱいの顔のまんま、わたくしと一緒にゼバスティアンのところへ降りて行きました。「私たち、ご免なさいを言いにきましたの」とわたくしが口をきりますと、もうフリーデマンは父親の前にひざまずいて、頭を膝に押しつけていました。それからしばし、三人一緒に泣きました。やがて、ゼバスティアンとわたくしは、涙に濡《ぬ》れた顔を見合わせて微笑しました。彼は息子を抱きあげると、口づけをして、いっさいの疎隔《そかく》は除かれました。けれども、フリーデマンが父親を不幸にしたのは、残念ながら、これっきりではありませんでした。この若者はときどきすっかり憂鬱《ゆううつ》になり、癇癪《かんしゃく》を起しやすくなるうえに、浪費癖がどうしても抜けないところは、お金のことでは賢明で用心深い父親と、ぜんぜん似ていませんでした。とはいえ、この子はなかなか明敏なしっかりした少年で、眼から鼻へぬけるように呑込《のみこ》みが早く、すぐれた理解力をもっていました。弟のカルル・フィリップ・エマヌエルは浅黒い丸顔の、褐色の眼をした子で、これはまたぜんぜんちがった性質でした。この子は辛抱強く熱心な勤勉家で、フリーデマンに勝るとも劣らないすぐれた音楽家でしたが、その人柄はずっと堅実にできていました。けれども、ゼバスティアンの心が常に、他の誰よりも、知らず知らず長男のフリーデマンに向けられていることは、すぐわたくしの眼に映りました。もちろん彼はどんな時でも公平であり冷静でしたし、子供たちを取扱うのに何のわけへだてをすることもありませんでしたけれども。だいたい、父親というものは、長男が一番可愛いようです。ですからわたくしは、ときどき、自分の子供たちは一人もゼバスティアンの長男にはなれなかったのだと思いますと、心に痛みを覚えるのでした。けれども、わたくしの小さいクリスティアーネ・ゾフィーが彼の腕に抱かれていますときには、もうそんな思いは泡沫《うたかた》のように消えてしまうほど、誇らしい幸福感にひたるわたくしでした。バッハ家の人々すべてと同じように、また、彼の敬愛していたルッターと同じように、彼はまったく家族本位で、子供たちの仲間入りをするのが大好きでした。なるほど一度は彼も、音楽で頭がいっぱいのとき、子供たちがあんまり騒いで彼のまわりを暴れまわるので、とうとう癇癪《かんしゃく》を爆発させました――わたくしはいつも子供たちを静かにさせておくのに最善を尽しておりましたのですが、ときにはもうわたくしの手に負えなくなってしまうのでございました。そのときも、叱《しか》られた子供たちが、まだこそこそと忍び足で走りまわり、ひそひそ話をしたり、我慢しきれなくてくすくす笑ったりするものですから、またすぐと彼はどなりつけました。けれども、そんなに怒ることは本当に稀なことでした。子供たちが饒舌《しゃべ》ったり騒いだりしている真只中《まっただなか》でも、まるでこの世にひとりぼっちのように、作曲したり筆をとったりしている彼を見ますと、わたくしもこれにはほとほと感心したものでございます。

たとえ乳呑児《ちのみご》が真夜中に揺《ゆす》って貰いたかったり、乳が飲みたくて泣き出し、私たちの眼をさまさせても、彼は決して短気を起しはしませんでした。そんなとき彼はよく、私たちみんなで赤ん坊の子守歌を楽しめるように、わたくしに讃美歌をうたいなさいとすすめました。そこで彼はわたくしのために、ルッターがつくった、藁《わら》の臥床《ふしど》に眠るみどりごイエスを頌《たた》える美しい歌に、新しい甘美なメロディーをつけてくれました。わたくしがそれを覚えてしまうと、彼はその小さな原稿を破って棄ててしまいました。この歌はただおまえのために書いてあげたので、他の人がうたうのは聴きたくないのさ、と彼は申しました。この歌はわたくしと共に死ぬべきだ、というのが彼の願いであったわけですから、この歌がこの世から消え去ってしまうことは本当に悲しいことに思いますけれど――だって、そのメロディーはそれはそれは美しいものなのですもの――わたくしもやはり書きとめないでおこうと存じます。

ところで、わたくしがうたっても赤ん坊をやすませることができないときには、彼はその子を自分の腕に抱きとって、自分であやして寝かしつけてくれたものでございます。男の人に抱かれると、赤ん坊がすぐ大人《おとな》しくなることを、わたくしはたびたび経験致しました。おそらく、それは子供に何かしら特別安全な気分をあたえるからでございましょう。子供はがっしりした腕に抱かれて、安心して寝入ります。つまり、男の人は私たち女とはぜんぜんちがって、子供をしっかりと抱きかかえておりますものね、きっと、落してはいけないと思って、よけい心配するからでございましょう。それに、子供の方が彼に抱かれて喜ぶのが眼に見えておりますのと同じように、彼の方も子供を抱いてとても嬉しそうに見えました。こんないたいけな一人の子供をみつめている彼の眼眸《まなざし》から偉大な魂の光が注ぎ溢《あふ》れているのを見ますと、わたくしはよく涙が溢れてきて困るのでございました。こうしたいとけない幼な子に対して、どんなに彼が優しい感情をもっていたかということは、あの『クラヴィーア練習曲集』第一部に書かれている親愛の情にみちた幾行かをご覧になってもわかります。彼はこの作品をアンハルト＝ケーテン公に初めておできになった世継ぎの赤ちゃんの揺籃《ゆりかご》の中へ捧げたのでございます。

ゼバスティアンの本質には人一倍父親らしさが勝っていました。彼はいつでも自分の子供たちのことを考え、子供たちのため、子供たちの健全な教育のために働き、自分よりも子供たちの出世を誇りに思い、そのために心配をしました。時にはまたわたくしのことまでも、娘に対する慈父のように接してくれました。——それからまもなく我子を亡くしたときのわたくしの大きな悲歎にとって、彼はどんなに力強い避難所でありましたことか！　あの小さい金髪の子を可愛い悪戯《いたずら》盛りの四つの歳で亡くしましたことを、彼もまたどんなに悲しみましたことでしょう！　飴《あめ》色をした髪の毛の下に輝いていた青いつぶらな瞳を閉じてやらねばならないなんて、どんなにか彼の心を傷めつけたことでしょう！　けれども彼は嘆きのなかにもひたすらただわたくしのことを思っていてくれました。わたくしがはじめてこの地上の苦しみを味わい知ったあのときのことを思い出しますと、当時わたくしは、こんなことがあり得るとすれば、最初の頃よりも改めてまた二倍も三倍も、いっそう深く彼を愛することを知ったように思われるのでございます。

小さいクリスティアーネ・ゾフィーだけはケーテンで生れましたが、その他の子供はみなライプツィヒで生れました。ではまたわたくしの物語に返らねばなりません。すでに申し上げましたように、私たちは結婚しておよそ一年間をケーテンで暮しましたが、やがて彼は、公の興味がもう音楽からすっかり離れてしまい、それればかりか、もはや自分がケーテンの楽長であることは不可能なのを見てとりました。ケーテンの宮廷はたしかに、そもそもの最初から、彼の一番深く望んでいた活動の可能性をあたえてくれてはいなかったのです。なぜなら、その地での彼はもともと教会音楽からはいっさい遮断《しゃだん》されていたからです。彼の役目は室内楽を作ることでした。この点でも新たな発明をし、一つの楽器まで作らせました。それは彼が痛感していた絃楽器の欠陥を補うべきもので、この楽器を彼はヴィオラ・ポムポーザと名づけておりました。絃が五本あり、ヴァイオリンとチェロのあいのこのようなもので、彼はさっそくこの新楽器のために、組曲まで一つ書きました。彼はヴァイオリンやヴィオラも自分で奏き、特にヴァイオリンの演奏は父のアムブロジゥス・バッハから学んだものでした。この方にわたくしはお目にかかったことはありませんが、その肖像画は私どもの居間の上座にかかっておりました。ゼバスティアンは何年かヴァイマル公の管絃楽団のヴァイオリン奏者もやっていたのですが、家で楽しみに合奏などやるときには、いつもヴィオラの方を選びました。それは、いつも言っておりましたが、ヴィオラをやっていると、合奏の調和する中心にいるような気がして、右や左で何が起っているかよく見え、また、よく聴えるからだそうでございます。

ケーテン時代には、当然彼の地位に相応して期待されるところでございますが、彼はたくさんの絃楽器のための音楽を書きました。しかし、なかでも、彼がここで作り、一巻にまとめましたクラヴィーア曲集は、これを知るすべての真面目な音楽家が等しく口を極めて賞讃したもので、二十四の前奏曲とフーガを集め、彼自ら『平均律クラヴィーア曲集』と名づけておりまして、すなわち「勉強に熱心な若い音楽者が使うため、またこの道においてすでに習練を積んだ者を特に楽しませかつ一段と完熟せしむるため、ヨハン・ゼバスティアン・バッハにより書きおろ」されたのでございました。これらの曲を慰みに弾くには、もちろん誰しも相当に上達していなければなりませんでした。なぜなら、その曲の大部分はたいへん難かしいもので、これを弾きこなすには、極めて熱心な練習と、若々しい元気で思慮深い精神のあらゆる注意力を傾けることが要求されたからでございます。けれどもゼバスティアンの多くのお弟子たちがたびたびわたくしに打ち明けましたところでは、この前奏曲とフーガに深く突っこんでゆけばゆくほど、そしてまたこれを何度も繰返し忠実に研究すればするほど、ますます深い愉悦《ゆえつ》と壮大な内面的満足を覚えずにはいられないとのことでございました。

わたくしのことを申せば、とてもわたくしの腕では、大半の曲が及びもつかないのでございますけれど、ゼバスティアンが弾いているのを聞きますと、何ともいえない味わいのあるものでございました。彼の指から流れ出る変幻自在《へんげんじざい》な音色《ねいろ》のざわめき——彼が特に好みましたのは、二、三の前奏曲の速いテンポ、フーガのさまざまな音色の不思議な混合で、その一つ一つの音色がまた何という個性的な明るい響きをあらわし、しかもそのすべてが何とまた渾然《こんぜん》と融《と》け合い織りなされていたことでございましょう！　ああ、これほどまでに、対位法音楽とは本来どういうものかということをはっきりわからせてくれることのできる人は、未《いま》だかって二人とはいなかったのでございます。彼がちょっとでも暇なときに、わたくしはよく精いっぱい甘えて、前奏曲かフーガを一つ二つ弾いて聴かせてくださいと、ねだりました。「おまえ、僕の平均律クラヴィーアの邪魔をすると、しまいに僕を不平均律音楽家にしちまうよ」と、いつかも彼はわたくしをからかって申しました。そう言いながら、彼はクラヴィーアに向かうと、左手で、並んで坐っているわたくしを抱き、右手で、あるフーガの主題を弾きだしました。そのうちに中音部になりますと、彼はわたくしを離そうとはせず、わたくしを抱いているもう一つの方で思いきりよく弾きましたから、わたくしはその腕の中にしっかり押さえつけられたまますくんでいなければなりませんでした。それから、最後の和音《アッコルト》になって、しがみついているわたくしを離しますと、彼は笑いながら叫びました。「おまえがフーガに食傷するには、こういう目にあうのが当りまえさ！」。ヨハン・ゼバスティアン・バッハの妻が「フーガ健啖家《けんたんか》」だとしたら、これはまた何という幸福なことでしょう！　なるほど、今ではわたくしも決してフーガといえば何でもかまわずかぶりつく真似《まね》はしないことを告白致さねばなりません。中には音楽とは縁もゆかりもないような、お寒い、つまらぬものがたくさんあるからでございます。しかし、ゼバスティアンのフーガは決してそんなものではありませんでした。それはみんな揃《そろ》いも揃って、湧《わ》きでる泉のように、新鮮で、きらきらと明るく輝やき、あるいはあわれ深く優にやさしく、あるいはまたホ短調前奏曲のように荘麗なものばかりなのでございます。

さて、そこで、ゼバスティアンの運命は、ケーテンと室内楽から彼を離して、ライプツィヒの町へ連れて参りました。この地で彼は生涯の最後の二十七年間を送り、彼の教会音楽の大部分を書くこととなりました。

ライプツィヒのトマス学校の老楽長が亡くなって、それに、ゼバスティアンがこの空位となったポストを得ようとした理由は、ケーテン公*が彼の音楽にだんだん冷淡になったことのほかに、もう一つ、だんだん大きくなってきた息子たちを教育するには、ライプツィヒの方がずっと好都合だという考えがあったからです。彼自身にとっては、この新しい地位はいろいろと不利な点もあったようです。そのことは、彼がライプツィヒ到着後まもなく、旧友のゲオルク・エールトマン**に宛てて書いた手紙にも説明してある通りです。この友人は昔リューネブルクで彼と一緒に修道院学校へ通ったことがあり、当時ロシアにいた人ですが、彼はこの手紙の大切な部分をわたくしにはっきり読んで聞かせてくれません。何事によらずそう

*レオポルト公は一七二八年十一月十九日死去した。

**エールトマンはバッハの少年時代の学友で、後に外交官となり、当時ダンツィヒでロシアの弁務官をつとめていた（一七三〇）。ライプツィヒのバッハからの就職依頼状は、「エールトマン書簡」とよばれる重要な資料となっている。

でしたが、彼は手紙のやりとりにもわたくしにいろいろ相談しまして、わたくしの方も自分の書いた手紙はすべて彼の同意を得ることにしていたのでございます。彼は今申しましたエールトマンさま宛の手紙で、まず自分が本来なら余生を送ることができればと願っていたケーテンの町を去らねばならなかった理由を説明し、さらに、ケーテンの楽長をやったのちにトマス学校の楽長を勤めるのは、最初はどうしても気が進まなかった、と語っております。しかし、三ヵ月の間よくよく考えぬいた揚句《あげく》、やはりこの転任によって息子たちの得られる多大な利益のことを思い、それに動かされて、神の御名において、ついにこの移転を決行するにいたったのである、と。

第四章　ライプツィヒ

ゼバスティアンはライプツィヒにおいて楽長《カントル》の家の敷居《しきい》をまたぎ、花嫁を抱え入れたること。彼はオルガンの主となり、「その名も高き」バッハとなりたること。カンタータとモテットを書き、学校ではおそろしく悩まされたれど、我家の天国にありては、たえず創造と教育の道に努めしこと。

よその土地に移り住んで、新しい屋根の下にはいるということは、常に独特な珍しい行事です。――新しい四壁《しへき》の間に送られるという運命に対する思いが人の心にそくそくと迫って参りますものね。今からはこのライプツィヒの楽長《カントル》邸が私たちの生と死を護ってくれるのです。――たくさんの子供たちの誕生、そしてその中の幾人かがみまかり、そして最後に訪れてきた死去、それは、私たちにとってもはやこの世を空しい、荒寥《こうりょう》たるものにしてしまった、ゼバスティアンの死でございます。

一七二三年五月の最後の週に、いっさいの家財道具もろとも、大小の家族全員を引き連れて、私たちがライプツィヒの町に到着し、楽長邸の門前に静かに止ったとき、ゼバスティアンはいの一番に馬車からとび降りると、昔ながらのドイツのしきたり通り、わたくしを抱いて敷居《しきい》を越すのだと言い張りました。「第一、おまえはまだたいして花嫁さんと変りがないじゃないか」と彼はいって、わたくしを敷居の上で接吻《せっぷん》しました。私たちの後から、彼の愛《まな》娘《むすめ》、美しいドロテーアが続きました。その腕にわたくしの小さいクリスティアーネを抱いて。ゼバスティアンはわたくしの眼眸《まなざし》がこの子に注がれているのを見上げますと、善良そうに大口あけて笑いながら、「おい！」と叫びました。「おまえが二十人の子持ちになったって、やっぱりおまえは僕の花嫁さんだぜ！」。本当にわたくし、心の底から感謝いたします、三十年の結婚生活を通じて、たった一人の良き夫、いいえ、最愛の恋人しかもちませんでした、とわたくしが申し上げることのできますことを。わたくしが年をとり、頰《ほお》に皺《しわ》がより、髪の毛に銀の糸がまじっても、そんなことは見むきもしない彼でした。ただ一度彼はこう言ったことがあります。「おまえの金髪は長い間、僕にとっては太陽の光だった。今では銀髪が僕の月光さ。僕たち若い恋人同士には、その方がずっと都合のよい光じゃないか！」。

こんなわけですから、わたくしが常に熱烈な愛情を彼に捧げ、彼の一瞥《いちべつ》一言をもとらえて、宝のお蔵がだんだんたまっていくように、それを大切に心の中に畳みこんでおりましたことは、何の不思議もないのでございます。カスパールさんが本当によく仰有《おっしゃ》ってくださったように、ゼバスティアンのことなら、わたくしはたいがいのことは忘れておりませんし、時にはどんな些細《ささい》なことでも、愛する人の思い出の中にありありと記憶しております。なにも彼の思い出といったところで、私たちの結婚式や初めての子供のときのことに限ったものではありません。あのわたくしを抱きながらフーガを弾いた刹那《せつな》のことにしろ、ライプツィヒの楽長邸の敷居の上での接吻にしろ、語ればつきないのでございます。

この家はトマス学校の一部をなしていて、この建物の一側に建て増したもので、ただの三階建てでした。とても小ざっぱりした気分のよい家でしたが、八年も住んでいる間には家族もめだって増えて、どうにも狭すぎるようになり、そこで、この楽長邸にもう一階上へ建て増してもらう間、しばらくヴィントミューレの家へ引越していました。この増築のおかげで、他の二、三室と同時に、たいへん明るくて大きな音楽室ができ、そこからはトマス学校の大教室へも廊下が通じていて、この設備はゼバスティアンにはとても便利で、気に入ったものでございました。

いよいよ楽長に晴れて任命されるに先立って、ゼバスティアンは恭《うやうや》しくライプツィヒの市会にまかり出て、精励恪勤《せいれいかっきん》、忠誠にぬきんでることを誓約せねばなりませんでした。そのうえさらに、長たらしい定款《ていかん》に書かれた条項の履行《りこう》を約せずんばあらず、というわけです。この定款はゼバスティアンの生涯での重要書類の一つでもあるわけですので、わたくしはこれから二、三抜き書きしておきました。彼はこんなことを誓約せねばならなかったのです。

「一、私儀《ワタクシギ》、一身ノ行状陰ニ陽ニ率先垂範《スイハン》、モッテ学童ノ亀鑑《キカン》タルベク、学校ノ事ハ精励恪勤コレヲ司《ツカサド》リ、学童ノ教育マタ誠心誠意コレヲ行ナウベク候。

二、当市両主教会ノ音楽ハ私儀最善ノ力ヲ盡《ツク》シテ隆盛ニ導クベク候。（中略）

五、既ニシテ音楽ノ基礎ヲ有セズ、マタ音楽教育ヲ施スニ適セザル学童ハコレヲ入学致サセマジク、且《カツ》ハ管長、校長殿ノ承認同意ナクシテハコレヲ致スマジク候。

六、教会ガ不要ノ出費ヲナサザランガタメ、学童ノ教授ハ声楽ノミナラズ楽器ヲモ相励ムベク候。

七、教会音楽ニアリテハ、ソレガ冗慢《ジョウマン》ニ流レザランガ如《ゴト》ク、正シキ秩序ノ保持ニツトメ、従イテマタ、ソレハ軽佻浮華《ケイチョウフカ》ニ流レズ、ムシロ聴衆ヲシテ敬虔《ケイケン》ノ思イニ鼓舞《コブ》セラルル如ク致スベク候。

九、学童ハコレヲ遇スルニ親愛ノ情ヲモッテシ、カツ用意周到ニコレニ当ルベク、モシソレ学童ニシテ意ニ従ワザルモノアル時ハ、コレヲ適切ニ懲戒《チョウカイ》シ、或イハマタ然《シカ》ルベク上告致スベク候。

十、学校ノ授業及ビソノ他ナスベキ義務ハコレヲ忠実ニ履行致スベク候。
十一、而《シカ》シテコレヲ私自ラ履行スルヲ得ザルトキハ、尊厳ナル市会乃至《ナイシ》学校御当局ノ支出ニハ及バズシテ、他ノ有能ナル者ニヨリコレヲ代行致サシムベク候。
十二、在職市長閣下《カッカ》ノ御許可ナクシテ当市ヲ退去スルコトアルマジク候」

トマス教会　(1967年　訳者撮影)

この書面からみても、ゼバスティアンは、ケーテンの宮廷楽長からトマス学校の楽長に移りましたときに、個人的自由と人格的名誉の上で多くの損失を蒙《こうむ》っておりますことが、容易に察せられるのでございます。けれども、そうしたことはすべて前もってよくよく考えた上で選んだことなのでございますから、彼にとってはそれ以上なんの悔いもなかったのです。

　一七二三年五月三十一日、月曜日の朝九時にトマス学校へ任命されて、それからこのライプツィヒでの長い多忙な生活が始まりました。ところが、ここで、彼は自分の高い天分とはなんの係わりもないことをいろいろやってのけねばなりませんでした。例えばトマス学校の生徒たちにラテン語まで教えねばならなかったのですが、しかしそうしたすべてにまさって、再び強大なオルガンを自由に駆使《くし》できる喜びは大きなものでした。私たちはまだ新しい家におちおち落着いている暇もなく、家内の整理もどうやらやっと夜寝られるだけという始末でしたが、そのとき、彼があたふたとはいってきて、「おいで、マグダレーナ、おまえにオルガンを見せてあげよう！」と申しました。わたくしは乳呑児《ちのみご》のいるおかげで、ケーテンを離れたことがありませんでしたので、このライプツィヒもこれまで一度も参ったことがなかったのです。その上ちょうど主人がはいってきて、オルガンを見せに連れて行こうと申した時には、どうしたら一番よく整理がつくかしらと考えながら、家の中をあっちこっち駈《か》けまわっていたところでした。そこでわたくしは——神さま、こんなわたくしの糠味噌《ぬかみそ》臭い考えをお許し下さい——もしも夫が新しい楽器をわたくしに奏《ひ》いて聴かせようなどと考えでもしたら、だいぶ手間どって、この家の中の仕事になかなか戻って来られないだろうとも思いましたのです。ですから、わたくしはちょっとためらいましたが、彼の方はもう待っていられずにわたくしの手をとって「さ、行こう、教会はすぐ隣りじゃないか！」と申します。そこでとうとう一緒に出かけまして、彼と並んでベンチに腰をおろしますと、彼はストップをひき出して、美しい音楽をあたり一面に響かせました。そしてわたくしも、敷かねばならぬ寝床のことも、片付けねばならぬ家事のことも、すっかり忘れてしまいました。

時のたつにつれて、トマス教会のことはいやでも一から十までのみこんでしまいましたが、トマス楽長はまた何という溢《あふ》れんばかりの気高い音楽をここにみなぎらせたことでしょう！　教会にはもともと二つオルガンがありました。合唱用の小さい方は、一四八九年につくられたというのですから、とても古いものでしたが、ゼバスティアンがまっ先にわたくしに奏いてみせてくれた大きなオルガンは、二年前によく検査して修繕されたばかりでした。けれども、何といっても一番立派なオルガンは、大学の教会にありましたもので、これには中段と下段に十二、上段に十四のストップがついておりました。ゼバスティアンは自分のため学生のため友人のため、何のためにしろ、ここのオルガンを奏くのが一番好きでした。それは新しくて、ゼバスティアンがケーテンに住んでいた間にやっと完成されたものでした。ケーテンから彼はこの楽器の鑑定《かんてい》に招かれて、後にこの鍵盤をわれとわが手でしょっちゅう奏くことになろうなどとは夢にも思わず、その役を果してきたのでした。その時の彼の報告によりますと、オルガンの扱いがやや重く、鍵盤の勾配《こうばい》がありすぎ、最低音のパイプが若干《じゃっかん》粗くて堅いので、彼の好むようなふっくらとまろやかなしっかりした音が聴けない、とのことでした。けれども、彼がこの楽器を演奏しますと、どこが悪いのかぜんぜんわかりませんでした。どんな楽器でも、どんな古ぼけたものでさえも、彼は巧みに滑らかに取扱うことを心得ていましたから、まるでオルガンの方があべこべに彼に惚れこんで、もちものをそっくり投げ出して、いったん彼の素晴しい手にかかると、すっかり若返って昔の魅力を新たにし、最上の美しいものよいものを提供する、といった風に見えるのでした。

さて、ライプツィヒでの私たちの生活は万事《ばんじ》トマス学校の規則にのっとったものでした。ゼバスティアンは、前もって市長の許可を請わなければ、市を離れることができませんでした。最初のうちは、ケーテンで私たちの味わった自由がひどく不足しているように思われました。ケーテンではただ、いつも思いやりの深かった公の仰せに従いさえすれば、それでよかったのです。それから、白状致しますけれども、ライプツィヒの貴婦人方と学のある老校長とがわたくしには怖くてなりませんでした。楽長は席次から申しますと、トマス学校の校長、教頭のすぐ次ぎで、ラテン語教授と共に、この学校の四首長の一人でございました。すでに申しましたように、ゼバスティアンは楽長として生徒に唱歌の時間を数時間と、そのうえにまたラテン語の授業をしなければなりませんでした。この授業は彼の天分にはまったくそぐわないものでございました。彼自身ラテン語は達者でありましたけれど、これを教えるということには不馴れでございました。後には彼も、同僚の一人の方に年五十ターレルお払いしてでも、この義務はお断わりすることをよしと致しました。これだけのお金を支出することは本当に容易ではありませんでしたが、でもよいことに使うのだから、と考えました。実際、ラテン語の時間はゼバスティアンをすっかり怒りっぽく落着かなくさせてしまうのでしたから。それに——ラテン語を教えられない先生もたくさんおいででしたが——ゼバスティアンのオルガン前奏曲やクリスマス・カンタータを、いったい誰が書けるというのでしょう。

授業時間とその他若干《じゃっかん》の監督は別として、楽長は毎木曜朝少年たちを教会に連れて行って、日曜の聖楽を練習しなければなりませんでした。それから土曜日にもまたおさらいがあり、ミカエル祭*や新年や、聖マルチン祭**、聖グレゴリウス祭***などの祈禱《きとう》行列のための音楽も、彼が受持って練習せねばならないのでした。その上、日曜日毎にトマス教会かニコライ教会で、モテットやカンタータを演奏するのが彼の責任でございました。さらにまた聖ヨハネ教会と聖パウル教会の音楽を指導し、そこのオルガンの面倒まで見なければならなかったのです。こう申せば、彼がどんなに引っぱり凧《だこ》で忙しかったか、おわかりになりましょう。

*九月二十九日。
**十一月十一日。
***三月十二日。

彼はこの四つの教会の中のどこの公式なオルガニストでもなかったのですけれど、ゼバスティアンをご存じの方ならどなたでも、彼ができる限りそのたびにオルガニストの役を引き受けて、毎週どんな負担と労苦が重なっても、それを償《つぐな》ってあまりある立派な音楽を完全にやってのけましたことを、お疑いにはならないでしょう。

さて、ライプツィヒやその周辺で日ましに彼が有名になりますにつれて、ちょくちょく人びとが我家を訪れては、楽長がお暇でしたら、一つオルガンを奏いて聴かせていただけませんか、と伺《うかが》いをたてるようになりました。するとゼバスティアンは、どんなそうした願いでも、それが本当の音楽好きの気持から出たもので、愚にもつかない好奇心からではないということがわかれば、大喜びで承諾《しょうだく》するのでした。

あるとき、わたくし自身がこういう望みの客を迎え入れたことがあります。それはたいへん背の高い紳士で、わたくしには一目で難なく英国人とわかりました。その人はオルガンを聴くのが大好きで、商用で来たハンブルクから、ゼバスティアンの名声をきいて、わざわざ出かけてきたのでした。たいへん品がよい、人好きのする人でしたので、ゼバスティアンは十五分もするとすぐこの人に好感をもって、さらにもっと奏いてあげるだけでなく、二時間もかかる合奏曲でも聴かせてあげたいほどの気持になりました――彼はこの人をわたくしのところへ昼食にまで連れてきたのです。これにはわたくしもちょっと面喰《めんくら》いました。というのは、彼はぜんぜん前もってわたくしに仕度《したく》をさせておきませんでしたし、わたくしの見たところ、この外国人は粗末《そまつ》な私たちドイツ家庭の昼食よりもずっと上等なご馳走《ちそう》を食べつけているにちがいなかったからです。けれども、この人は私たちの出したものは何でも気持よく舌鼓《したつづみ》を打ってくれまして、食後にゼバスティアンとパイプをくゆらせていた時には、打ち解けた上品な口調で、さらにゼバスティアンにクラヴィコードを一曲所望し、否応なしに彼を拝《おが》みたおしてしまうのでした。

そこでゼバスティアンは、即興に魅惑的な一曲をつくりましたが、これを後に書きおろしたものが、この英国人のお客のゆえに、『イギリス組曲』と通常よばれているものです。と申しますのも、このお客は後にゼバスティアンにあててチャールス・デューパートの一冊の作曲集を送ってくれました。デューパートという人は英国に住んでいたこの客の友人で、ゼバスティアンはこの本からいくつかのリズムを利用したからでもあるのでございます。私たちはこの後この客に再会する機会は得ませんでしたけれども、彼はゼバスティアンに書物や譜面のはいった美しい包を送ってくれたのです。そしてその中にはデューパートの組曲や二、三のヘンデルの作品がはいっており「偉大なるオルガンの名匠のために敬意を表して」と彼は書いておりました。

この英国の紳士がヘンデルについて語った話は、ことごとくゼバスティアンにとってはたいへん興味深いものでした。イギリスへ渡る人の話というと、いつでもわたくしは、何を好きこのんでこの住みよいザクセンを離れて、あの陰鬱《いんうつ》な島へ島流しになりに行くのか、どうしても腑《ふ》に落ちない思いがしたものですが、でも、イギリス人がお金持ちな国民で、ヘンデルさまがその地でたいへんお金儲《かねもう》けをなさったことはよく存じております。この英紳士も、ヘンデルがロンドンのセント・ポール教会で演奏したオルガンをいく度か聴いておいでして、その立派な名匠ぶりをよく理解していました。

それだけに彼はこのザクセン人――ロンドンでヘンデルはこう呼ばれていました――とドイツで並び称されている唯一人の男、噂《うわさ》にきくわがゼバスティアンを是《ぜ》が非《ひ》でも聴いたいものと思って来たのでした。けれども、彼は聴き終ると、わたくしの方を向いて、お辞儀をしながら申しました。「奥さん、失礼ですが、あなたに申し上げることをお許し下さい。私は世界中のあらゆる有名なオルガン演奏家という演奏家の演奏を聴きましたが、その中の誰一人としてあなたのご主人にかなう者はおりませんよ」。わたくしも彼の会釈《えしゃく》にこたえながら、「よく存じておりますわ」と申しました。すると、いきなりゼバスティアンが大声で笑いだしました。「いやどうも、あなたが家内のことを少しよくご存じなら、家内が私にはぜんぜん批判的でないことがすぐおわかりになりますよ。家内は私のことをヨーロッパ第一の音楽家だと思いこんでいるのですから。ねえ、そうだろう、マグダレーナ」、そう言いながら彼は、彼の足もとの足台に坐っていたわたくしの肩を叩《たた》きました。彼とお喋《しゃべ》りをする時に、よくわたくしはそうやって坐ったものでございます。英紳士はにこっと笑って答えました。「そんなことは当りまえですよ。でも、不幸なことに、すべての大家が自分の家庭でこういう風に認められているとはいえないのです」。「いや、それはね」とゼバスティアンは答えながら、わたくしの方を優しく見つめて、「それは誰が悪いったって、その人たち自身が悪いのですよ！　その人たちがもっと敬虔《けいけん》な気持でよく考えて、奥さんを選ぶべきだったのですよ」。

このイギリス人の訪問は、ライプツィヒに私たちを訪ねてくるたくさんの外人客のほんの先駆《さきが》けにすぎず、時のたつにつれて、とりわけゼバスティアンの晩年には、群をなすほどでございました。この町を通りすぎる音楽好きの旅行者で私たちのもとに顔を出さない人はありませんでした。ゼバスティアンはたいへんお客好きで、それに、本当に音楽に関心をよせていると見られる人ならば、誰彼となくたいへん親切だったからでございます。けれども、彼が楽長になりまして一年でもうすでに、ケーテンの生活を通じて私たちのところに来たすべての人びとよりも多勢の人たちと、私たちはお近づきになりました。そして、わたくしはゼバスティアン・バッハの妻であることを誇りに思っておりましたから、私たちの家が彼に相応《ふさわ》しく小ざっぱりとした品のよいものであるようにと心を配りました。ですから、わたくしは、外人客が敬意を表しに参ります時は、いつもたくさんの花を花瓶《かびん》に生けておきました。私たちは、上等な黒革の椅子セットや大小それぞれ一対の銀の燭台《しょくだい》、黄色合金でできていて美しい、燻《いぶ》した光沢のある、六つのよい恰好《かっこう》をした燭台などを持っていました。わたくしの両親は結婚のとき、わたくしのために花嫁衣裳をしまっておく、大きな、彫物《ほりもの》のたくさんついた箪笥《たんす》をもたせてくれました。でも、私たちの持ちものの中でわたくしの一番好きだったものは、ゼバスティアンの肖像画でございました。それは私たちの婚約のときに、彼がわたくしの願いをいれて描かせたもので、とてもよく描けておりました。彼の眼眸《まなざし》の強く引き緊《しま》って真面目《まじめ》な重み全体が、この絵から人を見つめていました。その眼つきは、彼がいつも考えごとをしながら人を眺め、あるいはむしろじっと人を見つめるように見えて、その実ぜんぜん人に気づいていないような時の眼つきにそっくりでした。この表情には、最初のうちはいつもちょっと驚いたものでしたが、でもまもなくそれが、彼の心の中に響いている音楽の声で、彼の眼はこの遥《はる》か彼方《かなた》に見えるものを見つめているのだということがわかりました。眉毛の線も、画家はよく似せて描いていまして、感じやすい、見るからに善良そうな口もとにも、彼がいつも笑うときの、末端を引き攣《つ》らせた愛嬌《あいきょう》のある表情をよくとらえていました。この表情は、彼の眼つきの底知れない測り難さに、とかくわたくしが抱きがちだった不安な思いを、すっかりまた取り去ってくれるのでした。彼はたいへんきりっとした風に見えました。それはたぶん前にせせり出たきつい顎《あご》のせいだったと思います。——彼の歯並みはきちんと行儀よく嚙《か》み合っていまして、たいていの人の歯が、下段が上段の内側に食い入るように並んでいるのとは違っていたのです。このことのために、彼の顔つきは他の人たちの顔つきとぜんぜん変って見えまして、こうした表情の硬さのために、彼に近づこうとする人は誰でもこの顔つきを前にして、ちょっとたじろぐのでございました。

この肖像画は、わたくしの居間の誇りでした。ある日のこと、ちょうどわたくしがこのわたくしの宝物の額の埃《ほこ》りをまた払っておりますところへ、ゼバスティアンがはいって来まして、からかうように申しました。「この居間には、そんな絵よりももっと綺麗なものが眼のまえにあると思うんだがね！」。「そんなことはありませんわ」とわたくしは彼の言っている二重の意味をよく考えもせず、むきになって抗議しました。ゼバスティアンはせんからよくひどい冗談《じょうだん》を言って、わたくしをからかって困らせるのでございましたが、それにまたわたくしもまんまとよく引っかかるのでした。「僕はこれまでちっとも自分のことを男っぷりがいいなんて思ったことないよ」と彼はそこで笑いながら言いまして、わたくしの耳をつまみました。「第一、ここへやって来る人は、誰だって僕よりはましさ。だからね、彼女がどこまでも彼女の美しき楽長を眺めたいというのなら、ここに彼女の絵をかけて、それを僕が眺める、ということにしたいものだな」。

そして事実、彼はすすんでわたくしの油絵をクリストフォーリという名のイタリーの芸術家に描いて貰いました。描いて貰っているその間も、彼自身ちょいちょい学校からやって来ては、絵のできあがって行くのを見張っていて、「いや、どうも頰《ほお》の色がぴったりしないな」とか、「顎《あご》の線がよくないと思う」などと註文をつけますので、しまいに、ある日、その画家もいささか我慢がならなくなって「バッハさん、私にはあなたがカンタータの書き方を教えなさるような大それた真似はできませんよ、でも、私は私なりに、あなたが奥さんの肖像画をご依頼になったときには、私の流儀で描こう、と心にきめているわけなんですからな！」と叫びました。ゼバスティアンも正直に笑いだして、「そりゃ、まったく、そうでなきゃいけませんよ。でもね、あなたは、実際のところ、楽長夫人の顔を私ほどよくご存じでないわけですからな！」と叫んだのでした。その絵ができあがりましたときには、それだけに彼の満悦《まんえつ》ぶりはたいしたもので、さっそく彼のと並べて壁にかけられましたが、最初のうちはわたくしには嬉しいよりも恥かしゅうございました。わたくしたち程度の女ふぜいでこんな絵を描いて貰《もら》う方なんて、ほんとにほとんどおりませんでしたもの。* こうしてわたくしの心を喜ばせてくれるすべてのことが、時にはまたわたくしには、ほんとに身にある、過

*この絵は次男エマヌエルに伝えられたというが、その後行方知れずになってしまった。

ぎたことのようにも思われたのでございます。でも楽長バッハが大の愛妻家であるということが誰の眼にもよくわかるようになるにつれて、わたくしはますます幸福になるばかりでした。そして、若い楽長夫人が夫と並んで壁の上から微笑を投げているのを見るたびに、ますますもって誇りをおぼえる幸せなわたくしなのでした。

それからさらに、彼の愛情と好意のしるしとして、この頃わたくしは彼から、一冊の新しい楽譜帳を貰いました。それはまた緑色の装丁のたいへん綺麗なものでして、表紙にはわたくしの名前が金文字と唐墨の筆で、彼自身の手で、一七二五年という文字と一緒に書かれてありました。この本はふたりで一緒に使おう、と彼は申しました。わたくしは自分で特別に気に入った曲をそれに書きこめばよいし、彼はわたくしのために新しい作曲を書きつけよう、というのです。と申しますのも、そうした間に、わたくしのクラヴィーアも彼の辛抱《しんぼう》強い親切な指導のおかげでいくらか上達し、今では、彼が初めて小曲集をわたくしに献《ささ》げた頃よりもずっと上手になっておりましたのです。日が暮れて、ほっと一息つく間ができて、しみじみとした家の気分に浸れるようになると、彼はよく蠟燭《ろうそく》を身近に引きよせ、鵞《が》ペンを手にとって、口をひらくのでした。「マグダレーナ、緑の本をとっておくれ、あの中にある曲はみんな、おまえが弾いてもすぐ退屈してしまうような、古臭いものばかりだろう。おまえをもっと進歩させるような新しいのを、一つ書きこんでやろう」。そこでわたくしも、新しい宝物がわたくしの本に加わるのだと思うと、もう夢中になってとんで行くのでした。

秋や冬の夜長に、子供たちは皆もう暖かくくるまって寝しずまり、わたくしとゼバスティアンと二人して、並んで音楽を書き綴《つづ》る、それはほんとうに何という楽しさだったでしょう――いつもそういう仕事はありましたし、日曜のカンタータの分譜は大部分、私たち二人の手で書き写されたのでございます。そんな時は、私たちの間に二本の蠟燭が灯《とも》されて、わたくしはしょっちゅうその光が灯心の黒い滓《かす》でいためられないように気を配りながら、注意して芯《しん》を切るのでした。――そして私たちは静かに幸福に、並んで仕事をしました。やりながらも、わたくしはできるだけ黙っておりました。なぜなら、彼が、美しくて明るい軽やかな手でこうした分譜を書き写したり（わたくしにとって、彼の総譜は不思議に生き生きとした、熱情のこもった、激しい力のある表現をもっているのです）、ブックステフーデやヘンデルの音楽を私たちのために書きつけたり（彼はこの人たちのものを、たいへん高く評価しておりました――わたくしには、それがどんなに高いものでも、彼自身のものほど意味のあるものとは思えませんでしたが――）、たぶん生徒のために、自分の曲を何か作曲したりしている間に、よく彼の頭に霊感がひらめいたからなのです。そうすると彼は、いつもの彼の座右《ざゆう》においておいたバラの五線紙を一枚とって、小止《おや》みなく彼の頭脳から湧きでる音楽の尽きることない泉から、純白の紙の上に何かしら書きつけるのでした。

このようにして、わたくしの小さな楽譜帳は、たくさんの歌謡や讃美歌を書きこんでもらいました。一つの歌には、わたくしは最初すぐにはうたえないほど感動してしまい、歌いながらも声がふるえて仕方のないほどでした。

君わがもとにおわすなら
われよろこびて死にゆかん
やすらいの国、死の国へ。
わが死の床のかくもあらば
ああ、いかばかり謝すべきや、
君がうるわしもろ手もて
まことのわが眼とじたまえ。

ああ、ゼバスティアン、あなたはなんてよい方だったのでしょう！　どんなにわたくしを愛してくださったことでしょう！
僕はおまえのためでなけりゃ、恋の歌は書けないんだ、というのは、彼のよく言うお気に入りの台詞《せりふ》でした。「ねえ、おまえ」と、ある日彼はわたくしを膝《ひざ》の上に抱きよせながら申しました。「僕の可愛い奥さんは、よるとさわると、遠く離れた恋人がほっと吐息《といき》をもらすような、粋《いき》な小唄だの、宮仕えの貴婦人たちが紅涙《こうるい》をしぼるような物語詩《バラッド》だのばかりで、僕をすっかり台無しにしちまうのかい。——いやどうしてどうして、にこにこの奥さんを膝にのっけて大満悦の楽長に、どうして憧憬《あこがれ》の歌が書けるものか。おっと、さて、昔に帰って、おまえの両親が私たちの婚約に同意してくれた頃のことを思い浮べてみねばならんぞ。だって、ちょうどいまの僕の頭に、メロディーが一つ浮んだのだよ。そいつがさかんに、一つ二つ悲しい歌の文句を欲しがって、泣きわめいているんだもの」。その翌日、彼はわたくしの所に一つの歌をもってきました。——この上なく愛すべき歌でした。わたくしはすぐとそれを彼にうたってきかせましたが、次のような言葉で書かれていました。

君が胸贈りたまわば
秘めごとのかくて生れぬ
もの思いわれらふたりの
誰ぞ知るふたりの思い
恋こそはふたりの胸に
とことわに黙《もだ》しあるべし

いやさらに君が心に
よろこびのつのりてみつる
まなざしよ恋を求めて
わが恋を去りゆくなかれ
いつわりに嫉《や》くるほむらは
いかばかりきずなを断たん
君、胸を閉じてあるべし
かわりなき愛を守りて
快楽《けらく》をばともに味わい
秘めごとの秘めてあるべし

ゼバスティアンが私たちの結婚から彼の死にいたるまでに書いた音楽は、すべてみなわたくしの心の奥深くに織りこまれており、それが一箇の人間にとってもち得る限りの意味を、わたくしにとってもっております。このことは、いくたびとなくわたくしの心を、わたくしがすべての人びとのなかでどんなに祝福された存在であるかという、この上ない幸福感の重みでいっぱいにしてくれました。それらの音楽がどのようにして生れ出たかを、わたくしは眼《ま》のあたりに見ましたし、誰の眼が見るよりも早くそれを読みました。ゼバスティアンはよく彼の作品についてわたくしと話し合いましたし、わたくしにはすぐにはよくわからないようなことまで、説明してくれました。これはもうしょっちゅうのことでございましたが、彼の部屋でわたくしは彼のそばに坐って、まるで鼠《ねずみ》のようにこっそりと音もたてずに黙りこくって、針仕事をしたり、繕《つくろ》い物をしたり致しました。その間、彼の方はと申しますと、まるで神さまご自身が口ずから彼のペンに口授筆記させていらっしゃるかのように、猛烈な速さで書いて書いて書きまくっておりますのです。そしてしまいに突然顔をあげて、わたくしの方に手をのばすと、「ちょっとおいで、マグダレーナ」と言いながら、書いたものをわたくしに見せてくれるのでした。でも、時には、そう度々のことではありませんでしたけれど、泉が思うように流れ出ないこともありました。そうすると、およそ十二小節ほども書いて、彼は咽喉《のど》のつまるような不満の唸《うな》り声をあげまして、書いた作品を鵞ペンでめちゃめちゃに消してしまうのでした。それから、頭を抱えて、じっと坐りこんでいました。それは長時間にわたることもあり、またほんのわずかな数分間のこともありました。そしていきなり頭をぴんとはねあげて、微笑を浮べながら、わたくしの方に向かって大声でいうのです。「そうだよ、もちろん、こう来なくっちゃいけないんだ」。そうして、また新たに書きはじめるのです。

フリーデマンがだんだん大きくなって、ますますよい音楽家になり、一方わたくしの手は家事でますます塞《ふさ》がるようになりますと、わたくしは自分の大事な特権をいくつか彼に任せなければならなくなり、彼は父親の音楽の第二の伴侶となりました。けれども、わたくしとてやはり相変らず、ゼバスティアンと一緒に仕事をしておりましたから、わたくしには何の不平もありませんでしたし、ゼバスティアンの方も、一小節でも書けば必ずわたくしに見せ、彼の考えの仲間入りをさせてくれるのでした。ですから、わたくしが世界中の女たちのなかで一番祝福されていると感じますのは、当然のわけでございましょう。こんなにも素晴しい精神と一つになって生活し、彼の完全無欠な音楽が生れ出るのを見ることができたわたくしでございますもの。でも、だからといって、彼の作品のすべてをわたくしが最初から徹底してよく理解していたなどと申すのではありません。――そのためには、わたくしも彼自身と同じだけ偉くなければなりませんものね。けれども、彼と共に過したすべての歳月、直接間接に彼から受けたすべての教育、いつもことごとに音楽のことばかりだった私たちのすべての語らい、それらは、わたくしの持ちまえのこの芸術に対する愛好心と相俟《あいま》って、ゼバスティアンがたえず生み出した音楽の偉大さに対するひろい理解力をわたくしにあたえてくれました。

あのひとが世を去ったいま、世の人びとは彼のことを忘れ、彼の音楽はめったに聴かれることともなく、今では息子たちフリーデマンやエマヌエルの方が父よりもてはやされています。でも、これがいつまでも続こうとは、わたくしは信じられません。彼の音楽は息子たちのものとはぜんぜん違います。わたくしの感じますところでは、それは人をまったく別の世界に連れて行ってくれるのです。明るく朗かに澄んで、この世のものとも思われない高い世界、そこではもはやこの地上の煩らいはすべて力を失ってしまうのです。彼の心の中には、平和と美の核心がひそんでいました。よく経験したことですが、わたくしは、ありとあらゆる家のやりくり、多勢の小さな子供たちに比べていつも足りないお金と多すぎる用事、たえまのない炊事《すいじ》、洗濯、裁縫や繕《つくろ》い物、そうした負担に耐えきれなくなると、いつもほんのちょっと暇をつくって、彼のオルガンか、カンカータ（声楽曲）やモテット（宗教声楽曲）の一曲を聴きに行くのでした――。そしてわたくしもまた、その――わたくしの申しますあのひとの核心である――平和と美の中心に加わったのでございます。そして、ただ彼の音楽のみがわたくしの心にこうした不思議な効果を与えることができました。ヘンデルさまやパッヒェルベルさまの音楽も、美しくて素晴しいものではございましたけれど、それはわがゼバスティアンのものとは別の国の産物でした。おそらく、ゼバスティアンを愛すればこそ、わたくしはそのような感じをもつのでしょうが、でも彼とわたくし個人のことはぜんぜん沈黙するとしても、なおわたくしには、適切な表現はできませんけれど、確かに事実、彼と他のすべての音楽との間には、はっきりした相違があるように思われてなりません。

私たちのライプツィヒでの最初の数年は、必ずしも容易なものではありませんでした。トマス学校と教会の音楽の状態はひどく悪いものでした。首脳部の方々がまた、何か改革をしようと思っても容易には動かず、ぜひとも必要な改革が提案されても、たいていゼバスティアンは反対と無関心にぶつかってしまうのでした。こうした議論を闘わせたあとでは、いつも彼は黙りこくって家へ戻り、肘掛椅子《ひじかけ》にどっと身を投げると、わたくしを膝の上に抱きよせて、わたくしの肩の上に自分の頰をのせながら、言うのでした。「ああ、我家は天下泰平だが、外はあべこべに嵐だ、ねえ、マグダレーナ」。

けれども、彼が腹を立てたり興奮したりすることも、ちょいちょいありました。仕事のためには完全な安静を必要としていた彼の魂が、若い愚かな生徒たちのためにめちゃめちゃに乱されたり、また、壊れて使いものにならなくなった楽器をとり代えることを学校当局が拒否したばっかりに、彼の素晴しい仕事が中断されてしまったりするのを見ることは、わたくしには本当にたまりませんでした。

世間の人々がみな教会音楽よりもオペラの方にずっと興味をもっていて、彼の教えていた最上の歌手たちを楽界のために彼の手から取上げてしまい、その代りに彼のいうことをきかず、どんな雨風の時でも大道でやたらに歌をうたい、あたらその声を台無しにしてしまうような、ほんの少数のくだらぬ若者だけ、彼の合唱団に残していくのを見ると、彼の心はいくたびか憂鬱にさせられずにはおりませんでした。でも、ゼバスティアンは、すでにお話し致しましたように、バッハ家伝来の、梃子《てこ》でも動かぬ頑固《がんこ》な性質を十分に受けついでいましたので、彼はしばしば腹を立てさせられたり邪魔をされたりしましたけれども、あくまでよい音楽のため、またトマス学校楽長としての彼の権利のために、戦って倦《う》むことがありませんでした。いろいろな事情は、とりわけ最初の頃は、事実彼にとって困難なことばかりでした。子供たちのためには十分な寝る場所さえなくて、ほとんどすしづめの生活を余儀《よぎ》なくされていましたので、たぶんこの狭い住居のせいだと思いますが、伝染病に災いされたこともしばしばでした。こんな有様《ありさま》では、わたくしも本当に子供たちのために、そしてまたいつでも子供たちの間にいなければならないゼバスティアンのために、しょっちゅうはらはらしていなければならず、その上、わたくしは旧式な家庭療法しか知りませんでしたから、お薬のことなら何でもよく知っているハンブルクの大叔母が調合する心臓と胃腸の強壮剤をいつも用い、それから、菌を運んでくる風がはいって来ないように、住居の窓をきちんと閉めておくことにしておりました。こんな風にしてわたくしは、たしかにいくたびか、怖しい病気から家族と自分とを遠ざけることができたのでございます。

トマス学校の最下級生はとりわけいうことをきかない乱暴な子供たちの集まりでして、復活祭とかミカエル祭とか新年などの大市《メッセ》の時には、特に学校もそのたびに八日間の休暇があり、町は商人やその他いろいろの流れ者たちでいっぱいになるものですから、自分たちもよく裸足《はだし》のまんま宿無しのように街中をうろつきまわり、蛮声《ばんせい》をはりあげたり、物乞いをして歩いたり、あらんかぎりの悪態をやってのけるのでした。この時はどこの主婦たちにとっても、わたくしならずとも、みな必要なものを新調して我家のお台所を更新する機会でしたのですが、この大市の季節がすぎると、いつもわたくしは何となくほっと致しました。いつの大市でも必ず、愛するゼバスティアンは新しい本を一冊小脇《こわき》に抱えて戻ってくるのでした。そうしてそれを彼のたいへん愛していた書庫の中に加えるのでしたが、彼の暇な時間はすべてこうした書庫のことに捧げられていたのでございます。ルッターの著作も全部こうやってだんだんに集めました。

子供たちがこの大市にいつでも大喜びだったことは申すまでもありません。一番小さいのが人混《ご》みの中で迷子になりはしないかと気を使うだけでも、わたくしはもうへとへとになりました。そのうえ、大きい子供たちが小さな赤い木のラッパを一日中吹き鳴らしているのですから、それがお父さんの耳に障《さわ》りはしないかと思って、もう。でも、可愛い子供たちの吹くラッパですから、どんなに騒がしくがなりたてても、あの合唱隊の少年たちがまだ少しも正式な発声法を身につけないうちに、もうもちまえの美音を完全に潰《つぶ》してしまう嗄《か》れたわめき声に比べれば、まだしも決して気分をこわすものではなかったようです。この少年たちときたら、燃えている松明《たいまつ》の煙にむせながら、湿った空気の中で、夜な夜なうたいまわるのですもの、どうして声を大切にすることができましょう。なるほど、相当の金額をはずんででも楽長の臨席を願うような大切な冠婚葬祭の折ならば、雨風の中で荘厳にうたいあげることも、それはぜんぜん別ですが、しかしそうやって楽長が出席したところで、雨や雪の中でうたったおかげですっかり荒れてしまったかれらの声は二度と再び滑《なめ》らかな柔かみを恵まれることはなかったのです。少年たち全体が嗄れ声になってしまったこともいく度かあり、ゼバスティアンはすっかり絶望して、僕は鳥どもを仕込んでだってこの位にうたわせることはできるよ、と叫んだほどでした。

ところで、ゼバスティアンのカンタータやモテットのことを考えますと、彼がそれを実際にやろうとするとき、こうしたすさんだ声ばかり使いこなさなければならなかったことを、どんなにか苦痛に思っていたであろうことを、よく想像することができるのでございます。すなわち、学校当局はうたうことの主目的を、神の讃美に次いで、生徒たちの消化の促進におくという意見でしたが、彼はこれと見解を異にしていたのです。と申しますのも、ゲスナー*

*ヨハン・マティアス・ゲスナー（一六九一～一七六一）　古典語学者で、ヴァイマルとライプツィヒの学校長としてバッハと親交があった。

さまは歌の稽古《けいこ》の時間を楽長とその助手のもとで、昼食後ただちに行なうことに決めました。それはもちろん、こういう肉体的訓練は、食後にはたいへん健康的である、というお考えからなのでしょうが――この取扱い方の一例を見ましても、トマス学校における音楽に対する関心がいかに低劣なものだったかをよく示していると存じます。かつて老校長のエルネスティ*が、合唱音楽では、何か有益な効果をそこに期待するより、むしろ防止せねばならぬ有害な点の方が多い、と言ったのは、まことに本当すぎるほど本当なのでした。

ゼバスティアンが楽長になってから二、三年して、トマス学校の音楽教育の状態を、書類で政府に答申《とうしん》せねばならぬ必要が生じました。彼がこの答申書でまず第一に要求したことは、聖トマス、聖ニコライ、及び新教会の三大教会それぞれのコーラス歌手についてでありましたが、それによると、各合唱団は少なくとも三人の高音部《ディスカンテ》と三人のアルト、三人のテノールおよび三人のバスを用意すべきであり、そうすれば、時候の悪い季節になって、学校の方から薬局に送られる処方によっても証明されるように、ほとんど決まって欠席者が多くなるような場合でも、とにかく一つのモテットをどのパートも何とか常に二声で占めることができるのだ、というのです。器楽手に関しては、謙遜《けんそん》して、然《しか》るべくその能力について語る

*ヨハン・ハインリヒ・エルネスティ（一七二九年没）　一六八四年以降死ぬまでトマス学校長。ゲスナーの前任者。

バッハの銅像　トマス教会で活躍していた時代の服装で，生家に立つ　（1967年　訳者撮影）

ことはやめ、ただかれらは部分的にはまったく不十分な程度しか教育されていず、いかなる場合にもそれは期待するほどのものにはならないということを述べるにとどめよう、と彼は続けて、われわれはさらに次のことに注意しなければならない、すなわち音楽に対する才能も嗜《し》好《こう》ももたぬ少年を入学せしめるという在来の習慣は、当然のことながら、われわれの音楽の平均水準を著しく低下せしめたのであります、しかも、中音部すらうたうことのできぬ非音楽的な少年が、いわんや、いかなる楽器によっていかなる有益なることどもを学びかつ実行せんとしても、その不可能事なるは火を見るより明らかであります、と。

のみならず、すでに若干《じゃっかん》音楽の基礎教育を受けたものですら、入学したからといって、思うようにただちに役立ちうるとはいえません。かれらが実際に役立ちうるまで教育されるには、約一年の準備教育が必要であります。ところが、かれらは入学するなり、未教育のままただちに合唱団に編入され、またせっかくいくらか上達した者の何人かは、毎年学校を去ってしまうので、かくして未教育者ないし初心者の数のみますます増大し、合唱団の質の低下するのは明白な必然であります。わが先輩シェレ氏やクーナウ氏がある程度完全で快調な合唱を指揮せんと企てました場合、氏らが常に大学生たちの確実な援助を期待せねばならなかったことも事実であります。彼および合唱団は当然礼を受けるべき金子《きんす》を渡されることがないこと、ドレスデンの音楽家の方がはるかに厚遇されていること、など。しかも、と彼は続けて、音楽家が一般に尊敬され、またあらゆる物質的心配から免れるを得て、なおかつ一種以上は楽器の完璧な演奏を要求されないとすれば、かかる音楽家が優秀な驚歎に値いする演奏を果しうるであろうことは、まったく自明の理であります。しかしながら、小生が自己の副収入を断念せねばならないとすれば、学校の音楽教育を向上せしむることもまた不可能でありましょう。さらにはまた、小生が各個人に十分な教育の機会を与えうるためには、現在の生徒数は減少せらるべきを主張せざるをえません。なお、小生がかかる状態のもとにあって音楽教育をさらに完成しうるや否や、或いはまた、今後これ以上の低落を有効に防止せんがためには、何をなすべきであるか、に関しましては、よりいっそうの熟慮に委《ゆだ》ねられんことを願上《ねがいあ》げたく存じます、と。

その後のことですが、さらにゼバスティアンは自分が音楽上の管理を司《つかさど》っていたいろいろな教会のオルガンが「未熟拙劣《せつれつ》な手」によって扱われているのを見つけたのです——もちろん新教会と聖トマス教会のオルガニストであるゲルナーさんが、決してそんなぜんぜんなってない音楽家ではなかったことは認められねばなりませんけれど、なにしろとにかく、彼の作曲はごたごたとまとまりのない印象をあたえ(ゼバスティアンはこのことを自分から主張はしないで、ただもちろん一種の含み笑いをしながら、この噂を繰返しただけでしたが)、作曲の規則などというものは、彼のぜんぜんあずかり知らぬところでしたから、毎日そんなものは彼自《みずか》ら願下げ、お払い箱にしてしまっていたのです。おまけに彼はおそろしく高慢ちきで己惚《うぬぼれ》が強く、ゼバスティアンの大きな権力を嫉妬して、馬鹿々々しいほど自分の力の弱小なことに不平たらたらで、およそゼバスティアンのためにならないやり口で、勝手な熱を上げて吹聴《ふいちょう》して歩きました。

それには、彼がいつまでも根に持っていたことがあるのです。というのは、あるカンタータの稽古の際に、彼はオルガンでコンティヌオ(通奏低音)を奏《ひ》いていまして、続けざまにひどい間違いをやらかしたので、ゼバスティアンはかんかんに怒ってしまい、自分の頭から鬘《かつら》をもぎとるなりゲルナーの頭に投げつけたうえ、貴様なんかオルガニストになるより靴直しにでもなった方がましだ、といってどなりつけたそうです。

ゼバスティアンが自制を失うようなことはめったにないことだったのですから、こんなことがおよそどんな場合に限って起りうるものであったかは、わたくしの申し上げるまでもないことと存じます。

こうしたすべてのことからも、トマス学校の最初の数年間に、どんなに多くの面倒や困難が私たちの身にふりかかってきたかがよくおわかりでしょう。けれど、どんなに多くの煩《わず》らいが起ったにせよ、それは我家のまどいには入り込んで来ず、それらはみんな「そと」のことで、ゼバスティアンも自分のクラヴィーアに向かったり、ヴィオラを引張り出したりしている時にはすっかり忘れているのでした。私たちは暇な時には、またどんなちょっとしたお祭りの時でも、きまっていつも家で音楽会をやりました。長い冬の夜には、音楽が私たちの心を甘美に暖めてくれました。暖炉ではパチパチと赤い火が燃え、戸外の寒さから私たちを護ってくれて、蠟燭《ろうそく》のしみじみとした懐かしい光がカンタータや四重奏の総譜の上を照らしてくれるのでした。そんな時は、ゼバスティアンの音楽友達まで、ヴァイオリンやオーボエを小脇に抱えてよくやってきました。けれど、私たちは自分の家庭だけでも四重奏団を組織

バッハ家団欒図（T. E. ローゼンタール　ライプツィヒ市蔵）

して、外から助けを求めなくとも音楽会を開くことができたのです。ゼバスティアンの総領娘のカタリーナ・ドロテーアは美しい声で上手にうたいましたし、わたくし自身も、かつて彼がある友人に書いたように、小ざっぱりしたソプラノをもっていました。フリーデマンとエマヌエルは周知の通り、まったくすぐれた音楽の天分をもっておりました。それはかれら自身も大人になってからよく証明してくれたところでございます。そして、私たちの誰しもがみな、小さい子供にいたるまで、どんな種類の音楽でも難なく読むことができました。ゼバスティアンはいつでしたか、僕の子供はみんな揃《そろ》いも揃って生れながらの音楽家だ、と得意になって申したことがあります。それもそのはず、彼が父親で、我家の空気そのものが音楽なのですから、こういう風にならないのが不思議なくらいでございましょう。子供たちの小さな耳が、いの一番に聴くものはまず音楽です。第一にかれらの眼にとまるものは楽器です。かれらの遊び場はクラヴィーアやクラヴィチェムバロの脚のあいだです。いやそれどころか、この楽器(チェムバロ)のペダルは、子供たちにとって不断の研究の対象でした。これの頂辺がどんな風になっているかということはかれらの秘密のすべてであり、このうえなく楽しい夢であって、その間にも、かれらはだんだんと大きくなって鍵盤に届くようになり、嬉しさのあまり眼玉を真丸《まんまる》く見ひらいて、しまいには柔かな指でみずから鍵盤を叩《たた》きはじめ、ようやくにして父親がいつもやっていることを自分もやっているんだという浮き浮きした確信をもつにいたるのです。この子供たちが音楽家にならなかったとしたら、それは本当にどうかしております。

私たちの家は時の経つにつれて楽器でいっぱいになってきました。ゼバスティアンはどんな楽器でも好きでしたが、それを思うまま手に入れるということはとてもできませんでした。彼が亡くなったとき、彼はチェムバロとクラヴィコードをあわせて五つ、クラヴィチェムバロを二つ、小さなスピネットを一つ、ヴァイオリンは小一に大二、ヴィオラが三つ、チェロ二つ、バスヴィオラ一つ、ピッコロ一つ、ギター一つをもっておりました。これらはみな徐々に集めたもので、彼の収入でもこうした支払いのできる度に応じて手に入れたものでございます。彼はどんなに必要なこと、差し迫って欲しいものがあっても、決して借金だけは致しませんでしたから、これらの楽器のほかにも、彼がまだ存命中の頃に、末の息子のヨハン・クリスティアンに贈ったペダルつきのクラヴィーアが三つありました。父親の亡くなった際に、この贈物は兄弟たちの間にちょっとした物議《ぶつぎ》をかもしだしました。かれらはこの贈物を正当の権利として認めようとしなかったわけですが、しかし私たち二人、つまりわたくしと娘のアルトニコル夫人及び彼女の夫とが、この贈物についてゼバスティアンが存命中にしたものであることを報告致しましたので、みなの異議もたいしたものにならずにすみました。

あらゆる楽器のなかで、ゼバスティアンがオルガンの次に最も好きだったのはクラヴィコードです。彼はチェムバロやキールフリューゲルよりも、これの方を好みました。それは演奏者にはとくべつデリケートな神経に訴える優美な音色《ねいろ》で、しかもちょっとでも鍵盤を押しすぎると、音を鋭くするので、演奏者に柔かいタッチを教えるのにもってこいだからだそうです。「おまえ、強く弾きすぎるよ」と、ある日エマヌエルが練習しているところへ、彼が入って来て言いました。「まるでどこかのおかみさんががみがみどなりたてるみたいな音だ」。この非難がエマヌエルにはひどく胸にこたえたと見え、まもなく彼は父親と同じように、タッチが美しいというので有名になったのです。彼は後年、正しいタッチのための教本を書き、その中でこう言っております。「多くの人はクラヴィーアを奏するに、あたかも指が相互に膠着《こうちゃく》せるごとくにする。そのタッチはおそろしく鈍重で、押えることが長きにすぎるのである。また、この欠陥を避けんとして、他の人はあまりに軽く早急に奏しすぎ、あたかも鍵盤のために指先きが火傷《やけど》を受けんとするかのごとくである」と。けれども、ゼバスティアンの息子や弟子たちは、こうした欠陥を避けて、美しいタッチを会得《えとく》するには、ただ専《もっぱ》ら彼という生きた実例に倣《なら》いさえすればよいのでした。

クラヴィーアを弾く場合には、音調の正調を保持するために、手をまったく安定させておくべきだ、というのが彼の根本原則でした。彼自身の手は演奏する際でも、ただ軽く鍵盤にそって右や左へ滑らせているのと少しも変らぬ動かしように見えました。彼もやはり顫音《せんおん》(トリル)は特に重要視しました。つまり、鍵盤を改めて叩くことはしないで、しかも鍵盤を新たに押すことによって一つの音を持続することです。クラヴィコードの感覚的な性格は、ゼバスティアンの感じやすい音楽的気質に打ってつけで、あるとき、ある作家がこの楽器のことを、悩める者を慰め、悦楽にひたる者に共感する友だ、と書いたときには、この表現にわが意を得たりという喜びようでした。それどころか、クラヴィコードは私たちの寝室にまで一つおいてありまして、よく彼は真夜中に起き出して、マントを羽織《はお》ると、一時間も二時間もこれを弾いていたことがあるのを思い出します。そんな時でも、彼の弾き方はとても安らかな優しい調子ですので、眠っている子供たちの妨げには少しもなりませんでした。いえ、むしろ、その音色は子供たちの夢の美しい伴奏になってくれたと思います。その時はわたくしもじっと静かに横たわったまま、この音色が静まりかえった暗い家の中のすみずみまでも流れていくのに耳傾けて聴いておりました。時には窓の格子ごしにさしこむ月の光も、彼の安らかな姿を照らしていました。それがいつもわたくしには、まるで主の前庭から聞えてくる歌声のように響くのでした。夜にはいつでも彼は平和な音楽しか弾かなかったからです。そうして、よくわたくしは彼の手から流れ出る優しいメロディーにきき惚れながら、ゼバスティアンがまだ寝床に戻らないうちに、いつしかうとうとと快いまどろみに沈んでしまったことを告白致さねばなりません。

ゼバスティアンはピッコロフルートにはじまり、オルガンに至るまで、あらゆる楽器に対する眼と耳を具《そな》えていました。彼は常に、それがどうしたらもっと改良されるだろうか、どうしたらその堅さや不完全さがなくなって、ますますよい音が流れ出るようになるだろうかということを考えておりました。わたくしまでがこの点ではいっぱしなまい嚙《かじ》りの物知りになりました。彼はこんなことまでも、わたくしと相談して、調律とか修理のために分解した時には、楽器の内部を見せてくれたりしたからです。彼は自分のチェムバロのねじを調律のために巻くことを他の人には絶対にさせず、せいぜいわたくしに許してくれるだけで、そうしたことはまったく自分でやらなければ気がすまないのでした。

既にお話ししましたように、彼は五絃のヴィオラ・ポムポーザとラウテンクラヴィツィムベルとを発明しました。このツィムベル（チェムバロ）の方は、彼の指導の下で、さらにその後オルガン製作師ツァハリアス・ヒルデブラントによって完成されましたが、それは絃と金属線と低音器の特殊配置によって、チェムバロよりもずっと長く音を保持することができるものでした。けれども、もうわたくしはこの新しい楽器のことなどいちいち細かく覚えてはおりませんので、とても完全には書きしるすことはできません。ゼバスティアンはこれを考案した際に、チェムバロの共鳴が短い点をさらに長くしようという意図を追求したのです。この楽器（チェムバロ）では、レガートの演奏や優美な歌う急調連続《パッサーゲン》などはほとんど不可能でしたから。彼の友ジルバーマン*さまは——一風変った喧嘩早《けんかぱや》い人で、とても手の器用な人物でしたが、オルガン製造にかけては一頭地《いっとうち》を抜いた能才でした——この頃にピアノフォルテという名の楽器をつくりはじめていまして、ゼバスティアンはその製作に非常な関心をよせていました。ジルバーマンの依頼に応じて、ゼバスティアンはこうして作られた最初の一

＊一六八三～一七五三　彼の製作したドレスデン聖母教会の三段手鍵盤つき大オルガンで、バッハは演奏会を催した（一七三六）。またクリストーフォリ創案のピアノフォルテを改良して、その一つをバッハはポツダム宮殿で演奏した。

台の試奏をやって、この楽器が将来きわめて有望であることを認めましたが、しかしこの楽器の新しい点である琴槌《きんつい》装置（ハンマー）と弾奏の硬さについて注意し、高音鍵盤列の音が弱いという欠点も指摘しました。「こいつはもっとよく作らなけりゃいけないよ」と彼はジルバーマンに向かって申しました。「君の仕事はたしかによい所をねらっているんだが、そのよい核心から立派な木が生《お》い育ってゆくんだってことを考えなけりゃね」。するとジルバーマンは腹を立てて、「君の己惚《うぬぼれ》なんか、あてにしちゃいられないよ」と答えるのでした。この人は激しい性格の、気荒なたちで、野性的な若々しさを内にかくしている人だものですから、「僕はこうやってさんざ長いあいだ仕事にかかって、どこもかしこもうまくこしらえようと思うからこそ、汗水流してあくせく苦労しているというのに、そこへ君は楽長さまのなま白い手をぶらさげてやって来てさ、へん、言うことがいいよ、こいつはまちがってる、だって。勝手にしろ！」。この楽器製作師はかんかんに怒って、今にも喰《く》ってかかりそうな気配《けはい》だったということです。

ゼバスティアンも熱しやすい気性でありましたから、時にはひどく激昂《げきこう》することもございました。けれども、この時は彼もいたって平静に構えて、ごく穏やかな語調で申しました。「なにもまだ、事はすんだわけのものじゃないよ。そりゃ、君だってわかるだろう。だからこそ、君もそんなに興奮してるんだ。来たまえ、しかし、僕らはこと音楽に関しては、喧嘩《けんか》なんてしたくないね。君はとっても気高いオルガンをつくるんだ。だから、こんなピアノフォルテよりも、もっとよいものが作れるはずだよ」――そう言って彼は、この新楽器の、どこまでも除かれねばならぬし、また除くことのできる欠点を、二、三彼に注意しました。ジルバーマンはそれを黙ってきいていましたが、すっかり憂鬱《ゆううつ》になってしまって、やがて出て行こうとしながら言いました。「いや、まったくだ、君は驚くべき天才だよ、この世には、君の知らぬことはなんにもないね」。そして、うしろの扉をばたんと荒々しく閉めました。わたくしはすっかり胆《きも》をつぶして、誰かがゼバスティアンと口論をはじめるのかと思いましたが、彼はいたって落着きはらって静かにわたくしの方を眺めると、議論のことにはぜんぜん触れずに、ただわたくしの不安げなまなざしにこたえて、「あいつはもう楽器が眼に見えていて、ちゃんとこうでなけりゃならないということを知っていながら、まだうまく出来ないでいるんで、気の毒なんだ――あいつの気持は隅の隅までよくわかるよ」と申しました。「でも、あんな乱暴なこと、しなくてもよさそうなものですのに」とわたくしはまだやっぱり不平顔にこたえました。「ははは」とゼバスティアンは笑って、「あいつのクラヴィーアがまだ出来あがらないうちは、何も言わない方がいいんだよ」。

かなりの期間が経つうちに、当のジルバーマンは明らかにゼバスティアンの発議を利用して、新しいクラヴィーアすなわちピアノフォルテの完成に努めていましたが、その間は幾週間もゼバスティアンとの接触をまったく避けていて、やがてある日だしぬけに彼は改良された楽器を試験して貰うために、ゼバスティアンを招いたのでした。ゼバスティアンは夢中になって、直《ただ》ちにこのかつての友人のところへ出かけてゆき、新しい試作クラヴィーアをひいて、すっかり有卦《うけ》に入《い》ってしまいました。ジルバーマンは耳を傾けながら傍《かたわ》らに立っていましたが、ゼバスティアンの熱心な讃辞をきくと、気難《きむず》かしい顔全体にとつぜんいっぱいの微笑をほころばせて、「君はすべての音楽家の中で一番の能才だ」と叫びました。「僕には、この新しいクラヴィーアについて君に要求されたことが、ことごとく達成できないうちは、僕の仕事も駄目なんだということがよくわかっていたよ。しかし、とにかく、君の要求を何から何まで仕上げるってことはたいへんな仕事だったんだ」。

ゼバスティアンは晩年に、ポツダムの王様*がもっておいでだったジルバーマンのクラヴィーアを演奏致しました。オルガンも、ジルバーマンの手になったものを彼は非常に尊重しました。ところで、彼は音楽生活の最初のころ、すでに一度ジルバーマンとはあるオルガンのことで仲違《なかたが》いしたことがあったのです。このオルガンはジルバーマンの手にまかされることになっていたのですが、ゼバスティアンは鍵盤とペダルをまんべんなくきちんと低音ハ調の

＊フリードリヒ大王をさす。

同じ強さに調律することを望みました。ところが、ジルバーマンはそうすることを断わりましたので、ゼバスティアンはそれに答えて、「それなら君には、このオルガンは頼むわけにいかん」と申したのでした。けれどもこうしたあらゆるいざこざにもかかわらず、二人の強い尊敬の気持はお互いに高まりまして、ゴットフリート・ジルバーマンはゼバスティアンの天分を進んで認め、ゼバスティアンはまた常にジルバーマンの偉大なオルガン製作者であることに敬服しておりました。ゼバスティアンは申しました。「ほんとうのオルガンをつくるには、誰だって何かしら、ある神様のお恵みがなければ出来るものじゃない。――それはね、たとえば家を建てたり、クラヴィコードをつくることとだって、ぜんぜんちがうことなんだ。パイプが正しく物を言い、歌をうたいはじめることができるようになるまでには、まず音楽家の魂の一片一片がパイプというパイプに吹きこまれていなければならない。こうした愛情がオルガンをつくるのでなければ、オルガンの本当の生命というものは決して生れるものじゃないのだよ」。とはいえ、ジルバーマンその人はオルガンを真に愛し、お金では償《つぐな》えないほどのものをそれに注ぎこんでいた人でした。ですからゼバスティアンも、彼と彼のオルガンを愛し、彼の荒っぽい言葉づかいや、つきあいにくい人柄をあまり意に介さなかったのでございます。

このオルガン製作者のことは、純粋な意志をもち、心から音楽を愛し、その音楽の見識が深くて真実なものであることをよく知っていましたから、彼はその喧嘩早い人柄にも悪口は申しませんでしたが、それに反して、世間の悪質なデマやトマス学校の理事会とのいざこざは、何度となく彼をこの上なく激昂《げきこう》させました。しばしば彼はそうしたことのために藁《わら》なくして、藁箒《わらぼうき》をつくらねばならないように見えました。お偉い方々は彼の権威をなかなか認めようとはせず、彼に渡るべき金銭を押えてしまったり、そうでなくとも、彼が音楽の助手を解雇《かいこ》するのに差し迫って必要な金子《きんす》を、支払うことができないようにしたりしました。事実、彼自ら学校当局へ提出したたくさんの報告書の中の一つに説明していますように、以前には音楽合唱団のものになっていたわずかな副収入が今では全然なくなってしまっており、そのために当然のことながら、合唱団の勉強の意欲は失われてしまったのです。「まことに」と彼は言葉をそえています。「無報酬で働き、認められることもなく奉仕するものなんて、果しているでしょうか」と。

あらゆる種類のやりくちで、人びとは彼の生活を苦しめました。そして彼がかれらの態度から思い知ったことを卒直な手段で直言しますと、かれらは彼のことを「度《ど》しがたし」とよんで、おまえは何一つ特別なことをしないばかりか、自分の要求の説明すらしないではないか、といってなじるのです。しかし、こうしたあらゆる、些細《ささい》なことながら、たび重なれば決して不問に付することのできない、面倒ないざこざにもかかわらず、ゼバスティアンはトマス学校、トマス教会、その他ライプツィヒの礼拝堂のために、音楽会を、また音楽をと書き続け、これまでのドイツでは聴いたことのないすぐれた音楽を書いたのでございます。この芸術はたしかにしばしば、一般の聴衆にとってはあまりすぐれたものでありすぎ、人びとの愚かな魂や感覚にとってあまりに高きにすぎるものでありました。——本当にそれは、ほんの二、三の音楽家によって理解されたにすぎません。外見はどんなに頑固《がんこ》に見えようと、その蔭にたいへん感じやすい心を秘めていたゼバスティアンにとっては、こうした生活の煩《はん》雑《ざつ》な軋轢《あつれき》はあまりに大きなショックでした。かれは幾度か本気になって、ライプツィヒを去り、幸福をどこか他の平和な土地に求めることを考えました。しかし、どこへ行くべきかは少しもわかりませんでしたので、彼は若い頃の友人ゲオルク・エールトマンに手紙を書いて、どこか適当な職場を世話して貰《もら》えないか問い合せました。この友は今ではもうロシアで大した人物になっていたのです。*この手紙を彼は、いつもの手紙の習慣通り、まだ投函《とうかん》しないうちに、わたくしに読ませてくれました。そして、白状致さねばなりませんが、わたくしにとって、わたくしたちの家がロシアへ移住するという考えは大きな心痛の種となるものでございました。ロシアといえば遠い、見知らぬ、異教の国のように思われました。けれど、

＊ロシア皇帝のダンツィヒ駐在官であることは既註のとおり。

移住がゼバスティアンにとって明らかに必要なことであるならば、否応なしに彼の計画に従うことは、どうしても動かしがたい要件です。それに、愛するザクセンも、全世界とても、ゼバスティアンに比べれば何でしょう。妻の故郷は夫と子供たちの住むところにあるのです。

ゼバスティアンはこの手紙の中で友人に次のようなことを説明しております。トマス楽長の地位は彼が最初思っていたほど彼にとって有利なものでなく、最初から計算に入れていた副収入も、大部分が今では削られたり、大幅に縮小されたりしてしまっている。ライプツィヒの生活は物価が非常に高く、チューリンゲンの他の土地で四百ターレルかければ、ライプツィヒでその倍額費やすより以上の生活ができる、このライプツィヒというところは、すべて生活必需品に比較にならぬほど多額の経費が費消されねばならないのだ。しかし、ライプツィヒの彼の生活を耐えがたいものにしているのはこのことではなく、それは一《いっ》に彼の上司たちの態度にあるのである。この人びとはまことにもって不可解《ふかかい》な扱いにくい連中であって、音楽に対する愛などというものは雀《すずめ》の涙ほども持ちあわせていない。彼はたえず嫉妬や迫害にあって怒りをこらえながら生活せねばならず、しかもそれはもはや、神のご庇《ひ》護《ご》によって他に幸福を求めずにはいられないほどにまでこうじてしまったのである、と。

ところが、事態がこのような面白からぬ段階にまで発展してきておりました折も折、とつぜん老校長エルネスティさまの死去に次いで、ゼバスティアンのヴァイマル時代の旧友ゲスナーさまが校長に任命され、ことは彼にとってこの上なく明るいものに一変したのでございます。わたくしは、ゲスナーさまの就任を伝え聞いたときの、彼の顔の嬉しそうな表情を決して忘れないでしょう。――「さあ、マグダレーナ」と彼は叫びました、「これで万事がよくなるぞ」。わたくしは心の中で神に感謝し、愛する夫の首にかじりつくと、胸の重荷がとれたことを心から感じました。と申しますのも、わたくしが心を痛めておりましたのは、彼がそんなに悩まされていたからばかりではありません。ちょっと気分を損ねても彼の音楽にはたいへんな邪魔になることを、わたくしは知っていたからです。神さまは彼を、彼の芸術によって暗い世界を明るくするようにおつくりになったのだとばかりわたくしが感じていたのは、まちがった思いすごしでした。そして今、音楽の光が彼のうちに輝き出ないほどに、世界が再び彼を暗鬱《あんうつ》にしてしまっていたとすれば、事態は途方《とほう》もなく悪かったのでございます。

新しい校長先生は、駕籠《かご》にのって学校の往復をせねばならぬほど健康に気をつかう方でしたけれども、元気で、熱心で、行動的で、親切な方でした。たいへん学問のある方だったのですが、見るからに愛情のこもったお人柄で、ゼバスティアンを重んじてよく理解してくださる様子を見ますと、尊敬と感謝の気持でわたくしはいっぱいになりました。校長との間には深い友情が生れていました。それはむしろ、昔の友情が新たにされ、強化されたともいえましょう。ですから、ゼバスティアンが音楽教育の資金を準備しようとしても、今度はもう学校当局も以前のように頑迷《がんめい》ではありませんでした。そこで彼は当時編纂《へんさん》されていたモテットと唱応歌《レスポンソーリエン》の全集を合唱団のために希望しまして、これも校長のとりなしを得て、すぐにも手に入れることができました。ゲスナーさまはまた、ゼバスティアンが少年の歌の授業をしているところへもよくお見えになって、じっと聴いておいでになり、明るい励ましの言葉で生徒たちを元気づけたりなさいました。こんなことは以前の校長には思いもよらないことでございました。その上彼は、機会ある毎《ごと》にできるかぎりの方法で、他の教官や当局の顕官《けんかん》たちに、自分がいかに楽長を尊敬しているかということを示すのでした。

ある日校長は一枚の原稿を手にしてわたくしのところへおいでになり、丁重《ていちょう》な、しかしとても親しみ深い態度で、わたくしにおっしゃいました。「楽長の奥さん、もしもお手すきでしたら、ちょっとお暇をくださいませんか。わたくしがあなたの愛するご主人のために書きましたものがあるのです。ほんのちょっとしたものなのですが、あなたに読んでおきかせしたいと思いましてね」。

わたくしはもう有頂天《うちょうてん》になってしまいまして、さっそく椅子《いす》をおすすめしますと、わたくしもすっかり緊張して、一心不乱、一語も洩《も》らさじと拝聴することに致しましたが、何でもたしか「クヴィンティリアヌス」*とおっしゃったと思います。そういう名前の古代の作家の書いた難かしいご本を、校長がご自分で新たにラテン語で編纂なさるのだそうです。この本の中で、ファビウスという、竪琴《たてごと》（ハープ）も弾き、同時にうたい、また足で調子をとる一人の男の八面六臂《はちめんろっぴ》の才能について物語るところがあるのです。

「ファビウスよ、汝《なんじ》はこれらすべてを取るに足らざるものの如《ご》くに語るなれど」と校長先生はお続けになりました。「汝よし死より蘇《よみが》えりて、かのバッハをこそ見得るとせば――この人さき頃よりライプツィヒのトマス学校にありて、わが同僚にてあるなれば、余は直《ただ》ちに引証せん――さてこのバッハを見よ、彼が両手もて、なべての指もて弾ずるは、幾多《いくた》の琴の音を一身にあわせもち、無数のパイプ、風箱によりて霊化せらるる楽器中の楽器、即《すなわ》ちクラヴィーアにして、彼はこなた両の手もて、こなた敏捷《びんしょう》なる足をもて、これが鍵盤上を縦横無尽《むじん》と生動し、しかも千差万別多様にしてなお渾然《こんぜん》と相調和する、綾なす音列をば生みいだす。惜しむべし、汝この彼のさまを見しならば、と余は言わん。彼こそは汝らの幾多の竪琴師、千万の笛師一団となりてもなおなし得ざるべきを見事《みごと》に果す。しかしそは、琴に合わせてうたうをもって能事おわれりとなすもののごとく、一旋律《せんりつ》を歌うにはあらず、ありとある旋律

＊有名なローマの雄弁家、「雄弁術」の著あり、西紀九五年没、ファビウスはこの人の通称名である。

を同時に心し、三十否《いな》四十もの楽師を一堂に集めて、一は目くばせにより、二は指揮棒の動きにより、三は意のままなる指により整然とすべてを統御し、あるものは高音、あるものは低音、またあるものは中音部と、そのいっさいの音頭《おんど》をとるなり、而《しか》してこの数多《あまた》合奏者の強大なる共鳴の音波の中に、彼はただ一人屹立《きつりつ》して、就中《なかんずく》最大の至難なる課題を身に負いながら、いつでも、どこでも何か調子の合わざるところあれば、直《ただ》ちにそれと気づきていっさいを調整し、いたるところ予防の策を講じ、またいずこか動揺するときは、再び格調を回復する。韻律は彼の五体のすみずみにまでみなぎり、ありとある和音を鋭き音もてとらえ、わずか一身の小なる音部をもって、全音部を見事《みごと》に生みいだす！ 余《よ》は常々自《みずか》ら古代の大なる崇敬者をもって任ずれども、余が友バッハ、及び彼に似たる者ありとせば、それは数多のオルフォイス、また二十人の歌手アリオンを一身に具現せるものというべし」。

この文章がどんなにわたくしを喜ばせましたことか、それはよくご想像いただけると存じます。繰返し読んではまた唱え、とうとうしまいには、すっかり暗記してしまって、もうこの位はわかるだけに大きくなっていた子供たちに、しきりと話して聞かせるのでした。ゲスナーさまご自身は音楽家ではありませんでしたが、でもゼバスティアンがどんな風にしてカンタータや器楽演奏を指揮したか、その有様を本当によく書いていらっしゃいます。事情によっては、彼は譜面棒でタクトを振る習慣で、それは特に相当数の歌手や楽師を前にした時がそうでした。時にはまたクラヴィコードやチェムバロのところに坐って、そこで演奏しながら拍子をとったり、また譜面棒で拍子をとりながら、片手では楽器を弾いたりしました。息子のエマヌエルがこう言って彼を批評したことがあります。父さんの指揮は実に正確だ、特に、あのタクトはいつも活発にすばしこく動かしているけれど、あれでこの上なしの確実なものなんだ、と。トマス学校にはチェムバロがありませんでしたので、教会音楽の稽古《けいこ》はたいていうちで行なわれました。トマス教会のオルガン台に一つあることはあったのですが、冬には家で稽古をする方がずっと快適でしたし、そんなわけでわたくしも、校長先生の書いていらっしゃる通り、ゼバスティアンの羽が生えたような指揮の下で多勢の歌手や楽師の人たちが演奏する光景をちょいちょい見ることができました。

そういう時の彼は激しい情熱にあふれていて、ただひたむきに音楽のほかはありません。彼の手はまるであたりから和音を招きよせるように見えます。そして、すべてがうまくいったときの彼の幸福そうな表情は、また何ともいいようのないものです。けれど、どんな些細《ささい》な譜の誤まりも、どんなわずかなリズムの不正確も、常にめざめている彼の耳から逃れることはできませんでした。音楽が、声と楽器が、調和したひとすじの流れのごとく、完全に清《せい》澄《ちょう》な音色となって響き出るようになるまでは、彼は満足しませんでした。しかし、こうしたある程度純粋な音色に達するまでには、彼の側にも、また彼の指揮下にある協力者たちにも、たいへんな努力が必要でした。それでも彼は、二、三の頭のかたい少年を問題外とすれば、音楽家たちを感激と敬虔《けいけん》の念でいっぱいにする力をもっていましたし、ほとんどすべての人たちが彼の賞讃を得るために、喜んで熱心に仕事をしました。彼自身もあるときこう申しておりました。「わかりきったことだが、学生の中でも、音楽の好きなものはいつでも進んで僕の手助けをしてくれる。こんな親切な態度を示されたことは他にないよ、その連中にとっては、器楽にしろ合唱にしろ、それで僕の手伝いをするということが、もう美しい習慣になってしまっているんだ。そりゃもう、喜んで、躊躇《ちゅうちょ》なく、心のおもむくままに、何の打算もなく、やってくれてることなのさ」。

一七二九年に、彼がテレマン＊の創立した有名な楽団の主宰者になりました時は、こうした音楽好きの人びとといっそう親密に結ばれるようになりました。この楽団は、毎週一度、彼の指揮で美しい音楽の演奏会を催しました。夏には、これは水曜の四時から六時まで、風車通りのツィンメルマン公園でやりました。冬には金曜の八時から十時まで、ツィンメルマンのカフェ・ハウスで催されました。大市《メッセ》の時には毎週二回、火曜と金曜に演奏会を開きまし

＊一六八一〜一七六七　ハンブルクの楽長《カントル》で指揮者、当時最も高名な作曲家で、バッハとは既に二十年来の親友。

た。こうしてゼバスティアンの指揮下に、楽団は幾たびか特別音楽会を行ないましたが、その中には、特にこの目的で彼みずから書きおろした曲も、当然聴くことができたのです。一七三三年の十二月、皇后様の誕生日には、ドラマ・ペール・ムジカ（歌劇）の上演が行なわれ、一月後には、彼が戴冠《たいかん》式のために書いた作品が発表されました。ゼバスティアンは数年にわたってこの楽団を指揮し、これを著しく高いレベルにまで育成しました。それはまもなく模範的な組織と見られるようになり、私たちの町の、真面目《まじめ》な音楽を理解し尊敬するすべての人びとを喜ばすために、まったく特別な演奏会が重ねられました。わたくしはこのほとんどすべての音楽会及びうちで行なわれた多くの試演に列席致しましたが、どこか別の場所で行なわれる時でも、暇さえできれば、急いで行って聴きました。

あるとき、どうしても都合がつかなくて、わたくしは夫の弟子のヨハン・クリスティアン・キッテル*から報告を聞くほかありませんでした。この人は当時わたくしの家に寄寓《きぐう》しておりましたのです。話はあるカンタータの試演のことでした。「カスパールがチェムバロで伴奏しました」と、キッテルは言いました。「通奏低音《ゲネラールバス》の伴奏なんですが、こいつを彼が貧弱にやらかしたらそれこそたいへんだってことは、奥さんにもすぐおわかりでしょう。彼が

＊一七三二〜一八〇九　後にエルフルトのオルガニスト、作曲家、理論家としても有名になった。

少しあがってることは僕にもわかりました。だって、彼は一瞬の間も注意して鍵盤上にある自分の両手の間から楽長さんの手と指を追いかけていなければならないんですからね。それでいて、自分の伴奏のパートはちゃんと守っていなけりゃならないし、そこに生み出され、盛上《もりあが》ってくる、ものすごい交響楽が耳にははいってくるし、というわけです。こわい先生が思いがけなくすぐ隣りの位置においでだったこともそうですが、それよりもこの大音響の方がずっと彼を混乱させたと思いますね。それにしても、われわれの先生はなんて不思議な方なんでしょう！　先生のような方はドイツじゅうを探したっておりませんよ。僕たちは、先生を恐れたらいいのか、愛したらいいのかわからないんです」。「そうね、それは私にもわかると思うわ、ヨハン」とわたくしは答えて笑いました。「いや、まったく、まったくですよ！」と彼はせきこんで言葉を返すのでした。「でも、とにかくね、先生のご機嫌をそこなうってことは、危ないことなんですよ」。

年々私たちの家にやって来てはまた去っていったこういう若い人たち——ある者は長年住みつき、ある者はわずかの間しかいませんでしたが——はわたくしにとってはすべてが、面白おかしい楽しみの種でございました。もちろんそれは先生のバッハにとっても、狭い意味では同じことでした。かれらは普通元気よく親しみやすい態度で、彼のところへやってきました。ただめいめいの考えはそれぞれまちまちで、みな一応の己惚《うぬぼれ》はもっていましたが、かれらのどこかに善いところがあればそれもたちまち消え去ってしまい、ゼバスティアンの偉さ、おおらかな性質、力にあふれる能力を眼《ま》の当りに見ますと、本当にみな謙虚になってしまうのでした。彼は言わず語らずのうちにも、彼の人格を通して、音楽家という天職の厳粛さ、厳しい勉強、不断の内心の信仰について、若者たちに言ってきかせていたのでございます。「先生は僕たちの心に火をつけます」と、かれらの一人が私たちのもとを去るとき、わたくしに言いました。「そして、世界中の音楽がみんな、僕には先生の声にきこえます」。

こうした若人《わこうど》たちが、主の使徒たちのように、ゼバスティアンをとりかこんでいる様子を見ますと、わたくしはいつも心から嬉しゅうございました。熱心で、献身的で、若々しい情熱をもち、たえず楽の音を響かせながら、きびしい勉強に精を出して、またわが家を去るとき持って帰れるようにと、先生の作品の総譜をせっせと書き写し、対位法を研究し、自分でも作曲し、そのでき上りを、美しい羞《は》じらいと誇りをまじえながら、先生に見せ、どんな楽器にも堪能《たんのう》になりましたけれど、とりわけクラヴィーアとオルガンに練達して、すべて何事にも勤勉で——それは食べることにかけても人後に落ちない人たちでした。そうです、この家でこの人たちが何をしでかすかといったら、それを知っているのは、わたくしひとりでした！　「奥さん、音楽はおなかが空きますねえ！」とは、みんなのよくいう口癖で、わたくしのあとにくっついて台所にやってきては、ビールスープを一皿とか、扁桃乳《アーモンド》を一杯、一文パンを一つ、などとせしめるのでした。「楽長さんが僕たちにご満足なら、僕たちは食べずにゃいられないほど嬉しいし、さりとて、先生がそうでないとすりゃ、僕たちは打ちひしがれた心を元気づけなきゃなりませんしね」。この若い人たちは、みんな音楽を本当にまじめに考えていましたけれども、とにかく誰も彼もが愉快なわが家の家の子郎党でございました。わたくしがここで特にお話しました人たちは、生涯を音楽に捧げようという弟子たちで、ゼバスティアン自ら慈父のように目をかけていた人たちでした。けれども晩年には、まったく物好きな弟子たちがおおぜい彼のところにやってきました。この連中は、世にいわゆる「ライプツィヒのバッハ」から手ほどきをうけたという話の種をめあてに、二、三時間でもいいから教えてもらいたいといって押しかけてきたのです。最初のうちは彼もこういう弟子たちの煩《わずら》わしさからつとめて免れたいと思って、高い授業料で恐れをなすようにしてやろうと試みましたが、しかしそれでもひるまずやって来るのを見ては、暇の許すかぎり、多くの人たちを迎え入れないわけにはいきませんでした。それに、こういう授業料の収入は、私たちには大助かりのものでもあったわけなのです。けれども、こういう素人《しろうと》のお弟子があまり己惚《うぬぼれ》な態度を見せたり、やるべきことをあまり粗末《そまつ》に扱ったりしますと、彼はそのお弟子にむかってあからさまに出口を指さすのでした。

そういえば、わたくしはクラヴィーアの教授を受けにきたある音楽好きなディレッタントのことを思い出します。ゼバスティアンはこの人に、ある練習曲の課題を出しておきました。次の授業のとき、この紳士はゼバスティアンが前もって指定したのとは全然ちがったテンポと運指法で弾いてみせたのです。「この方がずっと響きがいいと思うんですよ」と彼は、弾きながらぬけぬけと説明しました、「あなたが親指を使わせようとなさるやりかたは、どうも少し難しすぎるんで、自己流の練習法を選んだ次第です」。ゼバスティアンの顔はとたんにさっと曇りましたが、やがてまた気をとり直して、微笑を浮べながら答えることができました。「そうですね、あなたはたしかに私のレッスンをお受けなさるよりもずっと上達しておいでのようです。ですから、私たちのレッスンはこれでおしまいにするのが一番と思いますよ」。「へえ」と、このハイカラな紳士はどぎまぎしながら答えました。「もっと何か、教えていただけたらと思ったんですが」。しかし、ゼバスティアンはもうそれ以上この人に教えようとはしませんでした。馬鹿の上塗りのような己惚屋さんにぶつかると、それを追いかえすのには、彼はたいして手間をかけなかったのです。くだらない駄作を聴かされねばならぬ時でも同じことでした。

こういうわけで、ある日ブラウンシュヴァイクのハーレブッシュ[*]という人がうちに見え

＊一六六六年生、当時はかなり名声もあったオルガニストで態度すこぶる大仰だった。

て、彼が書いたというごくつまらないピアノソナタをいくつかもってきたのですが、この人はながながと大風呂敷《おおぶろしき》に自作を弾いてみせて、ひとりで悦に入っていまして、自分以外の誰一人としてよい顔をしていないのにはいっこう気づかない風なのです。わたくしたち家のものはみんな、もっとちがった音楽を聴き馴れていますから、これらが気に入るはずはありません。

ゼバスティアンは行儀よく黙ってきいていましたが、当のハーレブッシュは誰をつかまえても感心してもらえると簡単に考えつけているらしく、この沈黙も、感に耐えず口もきけないでいるのだと思い込んでしまったらしいのです。

別れを告げるとき、この人は自分の印刷したソナタをフリーデマンとエマヌエルに贈りものして、子供たちに向かい、この作品をぜひ熱心にしまいまで読んで弾いてごらんなさい、こういう種類の音楽は特にあなた方には有益ですからね、と言いきかせて行きました。

この高慢ちきなお客を送り出してしまうと、せいせいしたように眼をしばたたきながら、ゼバスティアンがつけ加えました。「どうしてこういうものを作っちゃいけないか、がよくわかるよ」。

こうしたろくでもない紳士方とはまるきりちがって、本当のお弟子たちはまったく好ましい人たちで、多くの者が先生のことを人一倍愛していました。かれらもまた人一倍よい音楽家になったのですもの。このようにして、わたくしの知らない、彼の最初のお弟子だったマルティン・シューバルト[*]は彼の変らざる愛情深い思い出の中に生きていましたし、さらには、私たちの娘エリーザベットと結婚した愛すべきクリストフ・アルトニコル[**]や、父親と息子の両方のクレープス、とりわけその息子の方のヨハン・ルートヴィヒ・クレープス[***]は実に驚歎に値いするすぐれた音楽家になりました。この人は九年もの長いあいだゼバスティアンの内弟子になっていまして、ゼバスティアンはあるとき、小川《バッハ》のなかのたった一匹のざり蟹《クレープス》だ、と言って笑いました。

ルートヴィヒはゼバスティアンから貰《もら》った証明書を特別大切に保管しておりました。それはこうです。「本証書の提示者ヨハン・ルートヴィヒ・クレープス氏はわが家在宿中における彼の業績の証書をもって彼の補助たらしむべく、余に署名人たることを乞う。余はこれを辞せず、むしろ彼の所望にこたえ進んで左に報告せん。彼はわが家において特に音楽の誉《ほま》れ高き人物にして、洋琴（ピアノ）、提琴《ていきん》（ヴァイオリン）、竪琴、または作曲において公衆に

*一六九〇～一七二一　アルンシュタット以来の弟子で、ヴァイマルのバッハの後任オルガニスト。

**一七一九～五九　一七四九年結婚。ナウムブルクのオルガニストでまたすぐれた作曲家。

***一七一三～八〇　アルテンブルクのオルガニストで優れた作曲家。父のヨハン・トビーアス（一六九〇～一七六二）もブッテルシュテットのオルガニストで、ヴァイマル時代のバッハに師事。

対し演奏して恥じなき優秀なる技能を修得せることを示せり、けだしその実例を挙げんとせば、数多の経験を公示し得べし。かかるがゆえに、余は彼の昇進のため、神のご庇護《ひご》を祈念し、重ねて声を大にして本人物を推挙するものなり」。

弟子の数はたいへん多く、わたくしは到底その一人ひとりの名をすべてあげることはできませんが、特に一頭地を抜きん出、各自の受けた比類なき教育に報いるところ大きかった弟子たちの中には、きわめてすぐれたクラヴィーア演奏家ゴットリープ・ゴールトベルク*もはいっておりました。この人は後にカイザーリング伯爵家**に抱えられ、ゼバスティアンはこの弟子のために『三十の変奏曲付きアリア』を書きました。その曲は二段鍵盤のチェムバロのために作られたもので、私たちが通常「ゴールトベルク変奏曲」とよんでいるものでございます。

ゼバスティアンが非常に高く買っていた今一人の弟子は、ヨハン・フィリップ・キルンベルガー***でした。キルンベルガーはゼバスティアンのところへ来たてのころ、あまりがむしゃ

*一七二七〜五六　ドレスデンで初めフリーデマンに就き、後バッハに師事す。
**ドレスデン、ベルリン駐在のロシア大使、バッハの讃美者で、作曲を依頼。
***一七二一〜八三　ベルリンのプロイセン王女アマーリエの宮廷楽長、バッハの門下中最もすぐれた一人。師の作曲教授法を展開させ、『純正作曲技法』、『和声利用の原則』等の名著あり。

らに夢中になって勉強しましたので、マラリアにかかり、二、三週間も自室から出られませんでした。けれども、熱が下ると、また猛烈な熱心さで研究を続けましたので、この途方《とほう》もない精神、途方もない音楽熱に心を動かされたゼバスティアンは、彼の病気中彼の枕元まで出かけていって、あたりまえなら弟子に来てもらうところを、逆にその枕元でいつも教授してやったのでした。総譜や練習曲集を行きかえりに運ぶことは、病人にはとても負担でありましたでしょうから。

キルンベルガーは先生に対してこの上ない畏敬《いけい》の念をもっておりました。こうした先生の慈父のような思いやりのあらわれが、彼の心を感謝の気持でいっぱいにし、ある日彼は口ごもりとまどいながら、その感謝の気持を言葉にあらわそうとしました。「キルンベルガー、感謝だなんてことは言いなさるな」とゼバスティアンはそれを遮《さえぎ》って、「僕は君がとてもまじめに音楽を勉強するつもりなのを見て、たいへん嬉しく思ったんだよ。僕自身のなしうるすべてのことを君が身につけられるかどうかは、一に君しだいなのだ。僕が君に要求したいことはただ一つ、君に与えられた暇に、こうしたわずかな知識でもそっくり、君自身の弟子たち、くだらない音楽のいろはでは満足しない弟子たちに、さらに伝えてやるという約束だけさ。それ以外は何も要《い》らない」。このゼバスティアンの弟子は、事実自分が弟子をもった時に、忠実にこれを実行したことをわたくしは存じております。つい二、三日前のことです。キルンベルガーのお弟子の一人が、ちょうどライプツィヒを通りかかったからといって、わたくしのところへ敬意を表しに立ちよりました。彼は若い人には見馴れないような丁重な態度で、わたくしに申しました。――偉大なる楽長の未亡人にご挨拶申し上げることを得まして、たいへんに光栄でございます。楽長の思い出は、わたくしの師キルンベルガー先生の口から、たいへん深い畏敬《いけい》の念をもって承わっております。そこで一つあなたさまに短いお話をおきかせしたいと思うのでございますが、お許し下さいましょうか。そのお話はきっとあなたさまをお喜ばせすることができると存じます。

一、二週間前のこと、と彼はいよいよ言葉をきりました。わたくしはいつものように、キルンベルガー先生のところへ授業を受けに参りました。ところが、中へはいりますと、わたくしはたいへん興奮した光景にぶつかってしまいましたのです。床の上には水溜りができて、キルンベルガー先生は桶《おけ》と刷毛《はけ》と雑巾《ぞうきん》をもって、とりのぼせたように立ち働いておいでです。先生が以前からとても大切にしておいでだったバッハ先生の肖像画には、きれいなビロードのマントがかけてありました（今でも、誠実な人たちの魂が、ゼバスティアンの思い出を、こうして静かに心の奥深く秘めて、畏敬していてくれると思いますと、寂しい月日を送っているわたくしもどんなにか元気づけられたことです）。しかし、キルンベルガー先生はお弟子の一人がびっくりして入口でとまどっているのを見つけますと、その顔から興奮と怒りの色は消えて、人なつこい微笑がこれに代りました。「おはいり」と先生はわたくしをおよびになって、「もう部屋に入ってもいいんだよ。空気は清めたし、椅子も洗ったんだから、さあ、肖像の除幕《じょまく》式をやるから、また拝《おが》むことができるぜ」と言われました。わたくしはこの妙な挨拶ののちすぐと、（と、この若い人はさらに話を続けて）これはきっと何か、先生のお気持がちょっとしたショックを受けて、平静を失ったのにちがいないと思いましたが、まもなく一部始終がわかりました。

およそ一時間ほど前に、ハンブルクの金持の織物商が商用でキルンベルガー先生のところへやってきたのです。で、お互いに話を交わしているうちに、商人はゼバスティアンの肖像が壁にかかっているのを見つけまして、こんなことを叫んだのです。「おやおや、いったいあなたはどうしてこんな上座に、死んだ楽長バッハの絵なんかかけておきなさるんで。あの男はとにかくえらいぶっきらぼうな奴で、それに、この見栄坊《みえぼう》の愚か者め、ご大層なビロードの上着なぞ着こんで描かしとるわい！」。この言葉をきいて、善良なキルンベルガーは棍《こん》棒《ぼう》で殴られたような気がしました。（わたくしは今でも彼の激しい気質と熱い音楽家の血をはっきり覚えておりますが）彼はいきなりとび上ると、驚いている商人を両手で引っ摑《つか》んで、戸口から突き出してしまい、続けざまに叫びました「出てゆけ、犬！　出てゆけ、犬！」。そしてもう、礼儀も何もあらばこそ、さっさとこの調子で、商人を往来まで引ったてて行きました。それから急いで部屋へとって返すと、商人の腰かけた椅子をすっかり磨き洗い直し、おまけに少し抹香《まっこう》まで焚《た》いて、空気を清め、下劣な根性を一掃《いっそう》せずにはいられませんでした。

このお話を聞いていると、わたくしはすこし笑いださずにはいられないところもございましたが、同時に、キルンベルガーの長きにわたる息子のように誠実な愛情が思われまして、泣けてくるのでした。彼はわたくしに向かって、ある日こう言ったことがあります。「僕の音楽の守護神は、あのイタリーかどこかの美しい女神ツェツィーリエじゃありません。世界中の音楽という音楽をすべて一身に秘めている、わが愛するドイツの聖ゼバスティアンこそ、僕の守護神です」と。

この寄るべない孤独な月日のなかにも、ゼバスティアンの弟子たちの感激と愛の熱情を偲《しの》びますと、わたくしの暗い部屋にも光明のともるような思いでございます。師弟が共に相携《あいたずさ》えて、音楽ほどの愛すべき芸術に純粋な努力を捧げ、一体となって協力するならば、これほどに精神の喜びとなる間柄も世にまたとありますまい。——経験と知識と指導力に富んだ師は、信頼をよせる若い人びとの心を感激でいっぱいにし、親切でまた厳格で、かれらの隠しもっている能力を発見して明るみに引きだし、認めてやり、誉めてもやって、かれらの生みだしうる最善のことだけを考え、ためになるように働きかけてかれらを高めてやります。それに対して、弟子の方は、研究し、注意を払い、耳を傾け、一言一句も心に刻みつけ、そこで幾たびとなく観察し、師の教訓を吸いとって、師の賞讃を得るために全身全霊をかけるのです。少なくともゼバスティアンと彼の弟子たち――彼を愛し、わが家に共に暮した本当の弟子たち――とを結ぶ師弟の関係はこうでした。

いうまでもなく、自分の息子たちこそ一番彼の心づかいを味わい、驚くべき影響を最も受けた特別の弟子でありました。本当に一生けんめい勉強するものに対しては――大部分のものがみなそうだった、といってよいのです、よい先生はよい生徒をつくるものなのですから――彼は誰にでも実に親切でした。エマヌエルが難かしい変調のある作曲に苦しんで、助けを求めるように彼の方に向きましたとき、彼は息子に、「エマヌエル、一つこうやってみたらどうだい」と言って、息子の手からやさしくペンをとりますと、総譜に修正を書き加えてやっていました。この時の彼の声は、いまだにわたくしの耳について離れません。彼ほど優しい心で添削《てんさく》してやることのできる人はいないだろうと思います。

こういう若い人たちが、先生のためにすっかり興奮させられて、その感情のほとばしるはけ口を求めて、よくわたくしの所へやってきては、ほっと気持を柔げていたことは、わたくしの生活にとって大きな幸福の一つでした。「お母さん、ちょっとお喋《しゃべ》りさせて下さい」といいながら、かれらはやってくるのですが、そんなとき、わたくしから何を求めているのかがよくわかりました。「先生のことを畏敬の心をもってお話できるときには、僕たちの心は元気づけられます」とある日、弟子の一人ハインリヒ・ゲルバーがわたくしに説明しました、「この偉大な先生が弟子たちの間に坐って、神さまのように辛抱強く和声学の原則の手ほどきをしたり、バスの装飾音の弾き方とか、クラヴィコードの特別な運指法を教えているのを見ますと、まったく驚異ですよ。先生の場合には最も正確な音楽上の観念と最も見事《みごと》な技術的完成とが一つに結ばれて、魔法のようないろいろの業績になり、まったく新しい方法を生み出しているのですから、驚歎するほかありません。しかし、あの、先生がとつぜん授業を中止して、呆気《あつけ》にとられるわれわれを尻目《しりめ》にかけて、さっさと楽譜や教本を片づけると、自らクラヴィーアかオルガンに向かって、感興のおもむくがままに即興の演奏に耽《ふけ》りはじめる時の、あの、この世ならぬ瞬間ときたら、また何をかいわんやです。いや、本当に、僕たちの上にはこの世ならぬ天国があるばかりでした。それこそ、生甲斐《いきがい》のある時間でした。それは何という音楽でしたろう！　僕は今でも夜、眼をさまして（ご承知のように余程のことでもなければ、そんなことはないんですが）ふるえわななきながらそれに思いを馳《は》せることがあります。この愛慕してやまない大先生の演奏に、そうやってじっと耳を傾けていますと、時にはもう僕は歓喜のあまり大声あげて絶叫せずにはいられなくなり、時にはまたおいおい泣いてしまうのでした。こういう時の思い出は、墓の中にはいる時まで、僕たちについて離れますまい』。こう語りながらも、わたくしの所にやってきたこの若者の表情は、すっかり紅潮しておりました。

　このハインリヒ・ゲルバーは、ゼバスティアンに対する人一倍強い尊敬と愛の心で、常に一頭地をぬいていた人です。彼はもともと法律の勉強をしにライプツィヒへ来ていたのですが、彼の心は最初から音楽とトマス学校の楽長に惹《ひ》きつけられていたのです。彼がゼバスティアンのところへ挨拶にきて、思いきって教授を頼みこんだのは、彼がライプツィヒに住みついてから六ヵ月もたった頃でしたが、彼の畏敬の心はそれほど大きかったのです。けれども、ゼバスティアンの方は音楽に対する真実の愛の認められる人々すべてとまったく同じように、たいへん親切に彼を迎え入れて、もう初めて逢った時からこの若者の肩に手をおいて、親しげに同郷人とよびました。ゲルバーもチューリンゲンの生れでしたから。若いハインリヒは、最初の授業の時は、もう文字通り幸福感と羞恥《しゅうち》感でふるえていましたが、その間にもゼバスティアンはインヴェンション*をクラヴィーアで弾いてみせ、それからすぐと、平均律クラヴィーアに移っていきました。ハインリヒはこの曲を、ゼバスティアン自身の独特無比な装飾音を加えた手から、完全に三度も聴くという幸運をつかんだのですから、彼はい

＊多声的手法による楽曲。

つまでもこの曲には特別な愛着をもっていました。ゼバスティアンは時々こういう贈物をして、特別熱心な弟子たちに報いたのでございます。そういう時は、これは教えるんじゃないよ、と言って楽器に向かうと、恍惚《うっとり》とした聴き手の前で一時間、いやそれ以上も、研究中の作品とか、他人の曲など、たくさん弾いてみせるのでした。しかし、弟子の学ばねばならぬ曲はみな、少なくとも一回は、彼自ら弾いてみせました。彼は弟子たちの研究や努力がどんな方向に動いていかねばならぬかを、まちがいなく認識させるために、当の作品の完全な形式とリズムを、力強くはっきりと示してやってから、「ね、こういう風な音にならなけりゃいけないんだよ」と言って、終るのでした。

しばらく若いイタリー人がゼバスティアンのところに来ていたこともあります。パオロ・サヴァチニという名前でしたが、わたくしは最初、本当に風変りな、扱いにくい若者だと思いました。私たちの健康なドイツ少年の中にまじっていますと、この子はぼんやりで、憂鬱《ゆううつ》で、不機嫌で、嫉《や》きもちやきで、それでいてまたきわだった資質ももっているのでした。滞在後まもなくから、彼は先生に対して、猛烈に執着傾倒しはじめました。先生がいないと、もう我慢ができないらしく、どこへでも大きな暗い悲しげな眼つきをして、先生のあとにくっついて行きました。ひどくしつっこいやり方で他のお弟子たちを嫉《や》っかんだり、またよく、のろまなザクセン人の頭にゃ楽長《せんせい》のように神さまから授かったすごい天才は、とてもわかるもんか、などと口汚くどなりちらしたりするのでした。彼のやった仕事にゼバスティアンが満足しなかった時には、床の上へ身を投げだして、何か虐《いじ》められた駄々《だだ》っ児《こ》のように、泣きわめきました。私たちはみなほとほと手を焼きましたが、彼の情熱の激しさと自制心のないのには、ほんとによく驚かされました。ゼバスティアンは私たちの誰よりも、この子のことをよく理解していたようで（フリーデマンはこの外国人が大嫌いでした）、たいへん辛《しん》抱《ぼう》強さを見せていました。

この子はしばしば、とても変なことを言ったりしたりしました。ある日彼はわたくしの部屋に暴れこんでくると、床の敷物の上に長いことひっくり返ったまんま、裁縫かごをもって卓子《テーブル》に向かっていたわたくしを変な興奮した眼つきで見つめているのです。それから彼はやにわに喋《しゃべ》りだしました。「奥さん、そんなとこに坐って針仕事なんかやっていてさ、旦那さんが天使の合唱隊でも頭をさげずにいられないような音楽をつくってるなんてことは、露ほども知らないんだね。奥さん、いったい旦那さんを愛してるのかい。ほんとに旦那さんのことを理解してるのかい。しかし、どんな女だって理解できるものじゃないや。旦那さんの着物を縫って、ご馳走《ちそう》をこしらえてりゃいいさ、それが一番ですよ！」。この話には、わたくしも少しむっとしましたが、この子が平静を失っていることは目に見えていましたので、怒る気にもなりませんでした。「パオロ、そんなことといって、あなたの先生の奥さんに向かっていう言葉らしくもないわ。私は先生を愛していますよ。それに、たぶん、あなたが思っているよりもずっとよく理解しているつもりです」。すると彼は「ごめんなさい」とせがんで、とつぜんまるきり子供っぽい痛々しい様子を見せて、「僕は自分でも、何を言ってるんだかわからないんです。この音楽を聴くと、すっかりわけがわからなくなっちまうんです。そしてもう苦しくなるほど、先生が好きになっちゃうんだ」。この言葉をきくと、わたくしの心にも何かがこみあげてきて、おもわず彼の上にかがんで、その黒髪に接吻《せっぷん》してやりました。「パオロ、どうしてそうなのか、私にはわかるわ」。そうわたくしの言った瞬間から、私たちは友達になりました。

不憫《ふびん》なこの子は、私たちのところに長くはおりませんでした。まもなく冬がくると、風邪をひいて、死んでしまったのです。私たちは誰しも、この子の激しやすく傷つきやすく、とどまるところを知らぬ性質をもってしては、とてもこの人生に入って行くことはできないという気持を抱かされずにはいませんでした。病気になってからは、わずかの間でしたけれど、とてもやさしくなったばかりか、辛抱《しんぼう》強くさえなっていました。ゼバスティアンは彼の死をたいへん悲しみ、いっさいの仕事を中止して、幾時間もこの子の病床《びょうしょう》につききりになり、彼の手を握っている瀕死《ひんし》の病人がちょっと手を離すと、その間、膝《ひざ》の上の総譜を書き続けるのでした。若者は黒い瞳をたえずゼバスティアンの顔に向けていました。わたくしが病室にはいっていって、熱いミルクを一杯彼にやりますと、彼は妙に美しい微笑を浮べながら、わたくしに申しました。「僕は今までより幸福です」。彼は痩《や》せた手でゼバスティアンの手を握りしめながら、ついぞ見たこともないような、ふしぎに満ち足りた表情で、わたくしを見つめました。彼はまさに死期が近づいたとき、ほんとの真面目さをさとりはじめたのでした。そして、ゼバスティアンは葬《ほうむ》られる彼のあとを追うように、大いなる一言を彼に向かって投げかけたのでした、「この若者の死によって、われわれはかのスカラッチ*を失ったのではあるまいか！」。この少年にはたしかに天才のひらめきがありました。そのことが、彼の何故《なぜ》この世で不幸であったかを説明しております。

ゼバスティアンの作曲を教える方法は、他の教師たちの利用する、固苦しい、生気のない、規則ずくめのやり方とは全然ちがったものでした。

和声学、対位法、数字記号付き低音奏法、フーガ法、すべてこうしたものを教えるのに、生命と興味にみちた研究方法を用いたのです。彼は直ちに数字付き低音の四声和声をはじめます。彼はまずどの弟子にでも、ある特定の全音階で各音部を書きつけさせて、ごちゃごちゃになったり、でたらめな部分が出来たり、どの音部もくだらぬ馬鹿げた音を出したりする

＊一六五九〜一七二五　イタリーの有名な大作曲家。

ことがないようにします。一音部でもでたらめなものがあると、それはやめなければいけません。本当の内心のさまざまな声がそのまま流露して、実際のメロディーの線を示すのでなければならないのです。ゼバスティアン自身の和声は事実また複雑多様なメロディーばかりで、どの音符でも正しい根拠がなければ存在を許されないのでした。単に気がきいているからといって、偶然的に和音を添付《てんぷ》するようなことも、決して許さなかったのです。「いったいこれはどこから出てきたのかね」と、そんなとき、彼は半《なか》ばからかうように、半ば詰問《きつもん》するように尋ねて、削除してしまうのです。「天からでも、君の譜に落っこちてきたのかな」。

キルンベルガーの語ったところによりますと、弟子たちに四声の対位法から始めさせるのが、ゼバスティアンの規則だったそうです。それは、四声をちゃんとものにしていなければ、よい三声や二声の対位法は書けないからです。和声はどうしても不完全なものにならざるをえないので、四声の楽節の取扱いができない人は、多声の楽節を和声にする際に、何を省略したらよいか、きめることができないのです。

ゼバスティアンの死後、この立派なキルンベルガーはマールプルク*さまと音楽上の論争をして、ことが面倒になったとき、ここでも結論として恩師の言葉を引用致しました。する

＊一七一八〜九五　当時の有力な音楽評論家、バッハの「フーガ技法」の序文を書いた。

と、マールプルクは腹を立てて、こんなことを申したということでございます。「おいおい、これがいったいあの善良な老バッハと何のかかわりがあるんだい、こんな討論なんか、彼が生きていたってなんの興味ももちやしないよ！　あの先生が弟子のキルンベルガー君のお説にならって和声の原理を説きなさるなんて、誰が信じるものか！　あの偉い人がたった一種類しか教えないなんてことはありっこないさ。弟子たちめいめいの能力に応じて、方法をえらんだにちがいないよ。そして、のみこみが早いか遅いか、才能があるかどうかを見たんだ。先生の和声学習用の手記は、おそらく今でもあるだろうが、そこに書いてある規則は、今キルンベルガー君が先生の唯一無二《ゆいいつむに》の見解のように主張しているものばかりじゃない、と僕は確信するな」。

マールプルクさまが、ゼバスティアンの教授法の多岐《たき》にわたっていたといわれる点は、正しいのです。けれども、キルンベルガーが先生を尊敬するのあまり、自分には自信がないものだから先生の受け売りの言葉を引用してすませているのだなどと彼が思ったら、それはたいへんなまちがいです。

作曲の弟子たちはみな、自分のイデーを紙に書きつける前に、まず頭の中で完成してしまわなければなりませんでした。クラヴィーアでもってでっちあげることも許されませんでした。もしもかれらが頭の中で作曲する能力をもたないときには、ゼバスティアンはすっかり諦めをつけさせて、それ以上やらせぬためにいましめ、作曲家のような難しい仕事よりも、はっきり何か別な生活にはいった方がよい、と言いました。――「労多くして功の少ないことだ」と。もちろんその瞬間の彼の言葉は痛烈なものでしたが、通常彼の仕事に対する精神的態度は、次のような弟子たちにあたえた規則の中に遥かによく表現されております。

「通奏低音《ゲネラールバス》は音楽の最も完全な基礎である。この場合、左手はその定められた楽譜を演奏し、右手はこれに和音不協和音を加え、あわせて美しく共鳴する和声を生み出し、かくて、神を讃えまつり、かつ心情に許さるべき愉快を得るのである。

すべての音楽と同様に、通奏低音もまた、神を讃美し、魂を歓喜せしむるをもって、一に究極の目的となすべきものである。

これを念頭におかざる時は、およそ本来の音楽は存せず、ただあるものは邪悪なる叫喚《きようかん》と無味単調なる喧騒《けんそう》のみ」。

ゼバスティアンはまた弟子たちが使うようにと、たいそう辛抱強く丹念に、通奏低音の演奏法や四声の伴奏法のための規則や注意書を書きました。その場合彼はいろいろな難しい点を親切によく理解して、明快で行き届いた規則や実例を十分あげて、やっております。その規則が最初の書き方では難しくてわからない人たちのためには、二度までももっと簡単に書き改めてやりました。一七二五年のわたくしのクラヴィーア小曲集にも、彼は長短調音階の組織と通奏低音演奏の規則を幾つか書いてくれましたが、その結びには、急いでこんな走り書きがしてありました。「まだこの他にも注意しなければならぬ点が幾つかあるけれど、それは書くよりも口で言った方がよいと思います」。

彼の弟子であったという幸福をもった方々は、みな心からこの彼の言葉に同感して下さることでしょう。どんなに規則を書いたところで、あのゼバスティアンが手ずから教えてくれた、徹底した克明さ、どんなに難しいところでもばらばらに分解し、いちいち驚くほどはっきりと名をあげて説明してくれる、かゆいところに手の届くような明快さには、とても想像も及びません。どんな場合にでも、音を即座にあてはめて即興曲を弾くという、ゼバスティアン独特の才能は、彼自身も認めていたように、全く特別な人並みはずれたもので、よほど訓練された音楽家でも、十分評価できないほどのものでした。クラヴィーアかオルガンに向かっている彼の前に装飾音付きの低音曲《バス》がおいてありますと、彼はさっそくそれを三声か四声で弾いてみせました。けれども、通常彼がそんなことをしてみせるのは、彼が常々非常に心を惹《ひ》かれている好きな作曲家の曲を幾つか弾いてきかせた上でのことでした。

あるとき、友人のピッチェル学士がゼバスティアンの即興演奏を聴きたいという知人を連れてきまして申しますには、「この先生はわがライプツィヒ市最大の音楽家で、識者の人たちの驚歎と讃辞を浴びている有名な方ですぞ。しかし、噂の通り、この先生は何か譜にある曲を弾いて、自分の空想力を働かせてからでなくては、自分の音色をふしぎにないまぜにして人を恍惚《うつとり》させるという段どりにはいるわけには行かないんで、その点をまずご承知ねがいたいものですな』。すでに鍵盤に手をおきながらこの言葉をきいたゼバスティアンは、ただ黙って微笑するだけで、何も申しませんでした。

いま考えてみますと、ゼバスティアンが黙って何も言わなかった時のことを、随分《ずいぶん》わたくしは思い出します――みんなの話に仲間入りしないで、勝手に喋《しやべ》らせたり、議論させておくのです。何かこと音楽芸術に関するまじめな問題となると、彼は自分の言うべきことを物静かに、しかしきっぱりと言って、また黙りこんでしまうのでした。彼は決して世間に向かってものをいうことなどで骨を折る真似はしませんでした。せいぜい、何か彼のもっている権利が取上げられそうになった時ぐらいのものです。その権利が自分のものとなった時でも、彼はどこまでもよく考えぬいていましたが、それはもうほんとに正しすぎるほどまちがいのないことでした。彼の心はしばしばあんまり深く音楽のことに没頭《ぼつとう》しているものですから、わたくしも時にはこの人は私たちのことを見むきもしないで、まるでいないも同然で、わたくしたちの方はこの人につき従っているのだけれど、こう無頓着《むとんじやく》でいられてはどうなることかわからない、と思うこともございました。彼は自分の椅子《いす》に腰かけていて、そのまわりには子供たちやわたくしが、めいめいいろいろなことをしながら取囲んでいても、それでも彼は私たちの上、私たちのわきに、たった一人、ひとりぼっちでいるのです。この姿を見、この淋《さび》しさを感じますと、時にはわたくしもぞっとするほど、こわくなる瞬間がございました。この感情は、わたくしの胸の中で、時にたまらなく強くなり、やるせなくなってきて、もうわたくしは針仕事や楽譜の写しもほっぽりだして彼のところにとんで行くと、椅子の足もとに跪《ひざまず》き、身を投げ出して、彼にすがりつきました。「おや、マグダレーナ、どうしたんだ、何をそんなに興奮してるのさ」と彼は静かにたずねるのでしたが、わたくしは心のなかを決して打ち明けは致しませんでした。どう言ったら、それがわたくしに言いあらわせたでございましょう。この地上の偉大な人たちは常に孤独なのです。そして、この地上にありながら、ひとり、至高至大《しこうしだい》の神に心を通わせているのでございます。

彼が音楽を書いていますとき、いえ、もっとよいのは、即興に書いているとき、それも特にオルガンのときです。彼は一番よくその偉大な魂をあらわにして、彼の心のふるさとであり、おそらくただひとり彼のみが完全にわがものとしていたあの世界を、天翔《あまがけ》っておりました。彼の胸から流れ出たこよなく気高い音楽の数々は、死すべき人間の限りある耳にはもはや聴かれぬものでございます。それも、彼の胸からたった一度かぎりほとばしり出たもので、少しも書きとめておかなかったのですから、今はもう彼自身と同じように、宇宙のハーモニーの中に消え去ってしまいました。ただ、今なお生きているほんのわずかの人たちだけが、この音楽を彼の手から聴いたのです。彼の魂、彼の両手から、こんこんと湧き出るこの世ならぬ数多《あまた》の楽の音に、この人たちだけが胸をいっぱいにひらいて聴き惚《ほ》れたのです。でも、この人たちまでが皆この世を去ってしまったら、この音楽の思い出もまた消え去ってしまいます——そして、それこそわたくしの耐えがたい大きな悲しみのもとなのでございます。

ゼバスティアン自らの教えに基いて、音楽上の考えを身につけたお弟子たちが幾人か、わたくしに話してくれたことですが、このようにして彼の音楽の多くのものが谺《こだま》する大気のなかに送り出され、安らかな谺をのこして沈黙《しじま》のなかに消え沈んでしまいましたが、これこそは彼の書きのこしたすべてのものより幾層倍もすばらしく、超人的な美しさをもったものでした。そして、この事情はゼバスティアンの人柄にまた独特な矛盾した姿を添えるものです。彼は日常の生活では万事《ばんじ》慎重で、些細なことにも心を配り、またたいへん倹約家でしたが、ただ音楽をつくり出すときだけは、驚くほど豪奢《ごうしゃ》なぜいたくをする浪費家でした。とはいえ、この富は、神のみ恵みであったにもせよ、比類のない不撓不屈《ふとうふくつ》な労苦、もっと本当に正確にいえば、生れ落ちるとから死ぬ日にいたるまで続けられた労苦が生み出したものであるということを忘れてはならぬと存じます。彼の精神は、片時も自己満足の安逸《あんいつ》な麻痺《まひ》状態に安んじていたことはありません。一瞬の間も自らの音楽の彫琢《ちょうたく》の手を休めたことはなかったのです。

いえ、それればかりではありません、こうした仕事の中にこそ、わたくしは亡き人自身の姿を見ました。そして深くあのイェズス・ジーラハの＊「けだし夢は堆積《うずたか》き仕事の中に生まる」という言葉が真理であることを感じたのでございます。ですから、精魂をうちこむ彼の両の手から即興曲が滔々《とうとう》と流れ出《い》で、聴衆も時をわすれ、固唾《かたず》をのんで聴きほれている時には、本当に音楽のミューズそのひとが彼の手から音色を撒《ま》きちらしているかと思われました。これをお聴きになったことのない方には、こうして幻想に導かれてゆく彼の霊感、独特な表現力と美しさを想像していただくことはまったく不可能でございます。それにしても、ここにちょっとした書きものがありますので、これを写してお伝えいたしましょう。それは、ヨハン・キルンベルガーが、あるお友だちに宛《あ》てて書いた手紙の一節なのですが、その方のご好意でわたくしの手にはいったものでございます。

「楽長さんは神さまのお勤め以外のことで、たとえば外来の音楽友達などによく懇望《こんもう》されたりして、いったんオルガンに向かうと、いつでも何か一つのテーマを選んでそれを奏くんだけれど、それをもうオルガン曲のあらゆる形式に変えてしまうんだ。そして、いつもそれを二時間、いやそれ以上も奏き続けているんだから、そのファンタジーたるやたいしたものだ

＊紀元前二〇〇年頃のエルサレムのユダヤ人、その箴言はもと旧約聖書に入れられたこともある十四偽経典の一つ。

よ。いつだってそのテーマをまず前奏曲につかってから、オルガン全体にわたってフーガに利用する。それからストップで調子を変えて、三重奏、四重奏、その他だれも知らないような変奏をやる。さらに続いて、コラールだ、このメロディーでまた、最初のテーマが三つか四つの違った調子で出てくる。それもたがいちがいにこの上なく変化に富んだ錯綜《さくそう》した調子で展開されていくんだ。そしてまた、終曲がオルガン全体のためのフーガになっていて、原主題《テーマ》の新たな変奏曲が主調になるか、それともその時々の気分に応じて、一つか二つ別の副主題が出てきて、演奏が続けられるというわけさ」。

たいていのオルガニストは、ゼバスティアンのオルガンストップの扱い方を見ると、ひどくびっくりして、不安にさえ思うのでした。彼は直接役に立つ場合を除いては、現存の規則にはまったく従わなかったのです。かれらは彼がやって見せたようなストップの調整法でこんな音が出るなどとは夢にも思っていませんでしたから、それだけに彼が奏き出すとびっくりしてしまって、ストップの調子がかれらの耳には妙に聴き馴れないものに感じられながらも、オルガンの響きがかつてこれほどまでに荘重に共鳴したことのなかったことを認めぬわけにはいきませんでした。即興演奏の時には、ありとあらゆる音階にはいっていき、また時には極端にかけ離れた音にまではいっていくのが、いつもゼバスティアンの楽しみでしたが、彼の変調の円熟していたことはほんのわずかの聴き手にしかわからぬほどのものでございました。

　プロイセン王室の有名な音楽家クヴァンツ*さまは、ゼバスティアンがたいへん興深く読みましたフルート吹奏《すいそう》法の論文をお書きになった方ですが、この方はこの本の中で、「驚嘆すべき音楽家」ゼバスティアン・バッハはオルガンの演奏法を最高度の完全なる域にまで到達せしめたが、今日なおこの崇高な芸術に携《たずさ》わる少数の人びとの間にあって、この完璧さはまことに憂うべき状態にあるから、彼の死後はおそらく残ることなくますます貴重なものとなろうとしか思われない、と述べておいでです。けれども、きっとクヴァンツさまはこの文章をお書きになった時、ゼバスティアンが精魂をつくして立派に仕立てあげた多勢のオルガンの弟子たちのことまではお考えになっていらっしゃらなかったにちがいありません。同時代の人びとが彼の天才に対して献げ、そしてまたわたくしが、宝物のように心の中に積み上げてきましたこれらすべての貢物《みつぎもの》は、ゼバスティアン自身よりもむしろ、わたくしを遥《はる》かに喜ばせてくれました。彼とても、本当の音楽家に認められた時はいつも喜んでおりましたけれども、音楽の理論を深く徹底して究《きわ》めつくした彼ではありましたが、しかも少しも学者ぶるところのなかった彼でございました。ですから、友人の一人がこう申したこともむりではな

＊一六九七〜一七七三　（ヨハン・ヨアヒム・クヴァンツ）。フリードリヒ大王の宮廷音楽家、作曲家、フルート奏者。

いと存じます。「バッハさんに一つだけ聞いてみたいことがあるんだよ、バッハさんは音楽を指揮させれば、もうこの上なしの技巧と洗練された腕を見せてくれる。また作曲の素晴しさときたら、誰だってただ恍惚《こうこつ》として聴き入ってしまうほど偉い人だが、あなたがこのとてつもない熟練を身につける時に、ただの一度でも音の相互の数学的な関係について考えたことがありますかね。それからまた、あの偉大な作曲を完成するときに、ちょっとでも数学の助けをかりたことがおありですかね」。いずれにせよ、わたくしは、決してそんなことはなかった、と申し上げます。音楽は、彼の血であり、手足だったのでございますもの、数学は本当にいらなかったのでございます。彼は音の本質について、もともと直観的な認識をもっておりました。それは、ある妙なことからもよくわかるのですが、そのお話を一つ致しましょう。かつてあるとき、彼はベルリンに滞在しまして、新築されたオペラ劇場を視察するように招かれたのです。彼が大食堂の廊下を歩いていましたとき、とつぜん彼はこんなことを言いだしました。誰かがこのホールの一隅に立って、ほんとに小さな声でひそひそ話をすると、その斜め反対側の壁に顔をくっつけて立っているもう一人の人には、ちゃんとその一言一言が聞える、しかも、それが聞えるのはその人ただひとりだ、というのです。さっそくその実験をやってみますと、ゼバスティアンの正しいことがわかりました。建築家でさえ、こんな特別な音響学的関係は考えおよばぬことでした。

おそらくこうした音楽的事柄の本質に対する、幅の広い、自然にもって生れた観察力を、ゼバスティアンが備えていたからこそ、多くの他の先生方ほど厳格ではなく、弟子たちの中でも本当に心から音楽的だった人たちには、やかましい規則の中にもある種の自由を許していましたのです。「第五音二つと第八音二つとは、続いちゃいけない」と彼は時おりよく弟子たちに申しまして、どちらかというと真面目な顔にちょっと微笑を浮べて、面を輝かせながら、さらに付け加えるのでした。「そいつは悪例であるばかりか、音が悪いんだ。音の悪いのは、音楽じゃないからな」。彼自身、必要を感じれば、規則を破るのに少しも躊躇《ちゅうちょ》しませんでした。わたくしはあのマルティン・ルッターが、ある立派な音楽家について言った「かれは、楽譜の主なり、楽譜は彼の思うがままになさざるをえず、他の作曲家は、楽譜の欲するがままになさざるをえず」という言葉が、本当に正しいことを感じます。しかもなおこれと同時に、今一つルッターの箴言《しんげん》がわたくしの心に浮んでまいります。それはよくゼバスティアンも好んで引用しておりました次のものでございます。「悪魔こそ、己《おのれ》のために、すべての美しき手だてを得るに及ばじ！」。

そうして、わたくしは思うのでございます、ルッターもゼバスティアンと共に、きっとゼバスティアンがやはりこうして、すべての美しき方法を得られないではいけないと心配して下さっているのにちがいない、と。

第五章　晩　年

バッハ家の子供たちの生と死について。市におけるゼバスティアンと誇りと威風について。芸術家の旅とタウラー説教書に没頭《ぼっとう》のこと。

長いあいだにわたくしたちの家族もだんだんに増えまして、揺籃《ゆりかご》のすいている時とてありませんでしたが、でも、ああ！　おそろしい死の手はわたくしたちの小さな揺籃の住人たちを、幾たびかだしぬけにさらっていきました。白状《はくじょう》致しますけれど、わたくし、子供たちを抱いておりましても、またこの子も奪われていき、あの小さな墓穴に希望と愛を葬ってしまわなければならないのではないかという思いに襲われて、身の毛もよだつ怖ろしさにふるえる時がございました。あの小さな墓のほとりで、わたくしたち、ゼバスティアンとわたくしは、手を握り合い、黙りこくって、よく立ちすくんでいたのでございます。でも、いつもまた、こうしたひねくれた感情は罰があたると思い直して、それを抑えるのに最善を尽しました。

　わたくしの一番上の娘クリスティアーネ・ゾフィーはわずか三つの歳までしか生きていてくれませんでした。二番目の息子クリスティアン・ゴットリープもやはりいたいけなこの歳に死なねばならなかったのです。エルネストゥス・アンドレアスはほんの数日しか生きておりませんでしたし、次の子のレガーネ・ヨハンナもまだ五回目の誕生日を迎えないうちに、この世を去らねばなりませんでした。ベツレヘムのエスさまよりも一日おくれてこの世の光を見たクリスティアーネ・ベネディクタは、きびしい冬に耐えられず、新年の四日目にはもう土に返りました。クリスマスに新しい子が生まれるということは、私たちにとってはどんなに嬉しいことだったでしょう。そして新年を迎えたわたくしの枕もとにゼバスティアンがひざまずいて、やさしい瞳に涙を浮べながら、この子もまた私たちのもとを去ってしまった、と話してくれました時には、身も世もあらぬ悲しく暗い新年でございました。クリスティアーネ・ドロテーアは一年と一夏だけ生きておりました。ヨハン・アウグストはたった三日だけ日の目を見ました。

　こうして私たちは、十三人の子供のうち七人まで失いまして、たいへんな心の傷手《いたで》でございました。けれども私たちは、これを主の戒めとわが身に言いきかせて、それだけいっそう手もとに残された子供たちを愛しました。こうした子供たちの一人の野辺《のべ》の送りをすませて家へ帰ってきたときのことです。わたくしはもう悲しみに打ちひしがれて、なすところもなくへたへたと頽《くずお》れてしまいました。お知り合いのお年よりの奥さま方が、子供を生むも亡くすも母親の運命ですよ、とご親切に慰めて下さり、抱いた子の半分さえ育て上げることができれば、それでもう幸せとしなけりゃいけませんよ、と言って下さるのでしたけれど、わたくしはこの別離をどうしてもあきらめきれないでおりましたのです。そのときゼバスティアンが一冊の本を手にして、わたくしのそばに坐りますと、次のような言葉を読んできかせてくれました。それはルッターが愛娘《まなむすめ》のマグダレーナを亡くしまして、その柩《ひつぎ》の傍らに佇《たたず》みながら言ったものだったのでございます。

「愛しきわが子レナよ、汝《なんじ》はいまいかばかり幸福ならん。汝ふたたびまたよみがえりて、星のごと、いな太陽のごとく光り輝くべし、さあれ、汝の幸福と平和を知りながら、なおかくも悲しきことの奇《くす》しき運命《さだめ》や!」。それからさらに彼は、ルッターがある友人に宛《あ》てて書いた手紙の一節を朗読してくれました。「汝はわが最愛の娘マグダレーナがイエス・キリストの永遠の国によみがえれるを聞きしならん。而《しか》して余《よ》と妻は、彼女の至福なる別離によりて、この世の力と肉と夷狄《いてき》と悪魔とより免れるを得たるを、喜びもて神に謝すべきなれども、さりながらわれらが身のうちの自《おのずか》らなる愛はあまりに強く、このいたき歎きと心の吐《と》息《いき》はわれら自ら死する思いにも似て、せつなく耐えがたし、彼女のありし日の、またみまか

り し床の面影、言《こと》の葉《は》、物腰はわれらが心に深く刻み入りて、かくてはキリストの死すらも、われらが憂いを除き得ざるべし」。

この手紙を読んでしまいますと、わたくしはゼバスティアンの肩に泣き崩れて、すこしは心の晴れる思いが致しました。

こうしたすべての喪失の苦しみを耐え忍ぶことができますために、神さまはその苦しみを少しずつお恵み深く、長い間の年月にわたって、ばらまいておかれました。ですから、七人の子供たちの死を超えて、それ以上に生き残った六人の子供たちが、私たちを慰めてくれました。両親は今どんなに悲しかろうと、子供たちは明るく朗かに守り育てねばなりません。悲しみは子供たちの顔によき跡をのこさぬものです。

それにまた、相変らずわたくしには、家の大切な仕事がたくさんありましたし、日々の用事がわたくしの心を紛らわすのに役立ってくれました。ゼバスティアンもやはりトマス学校の毎日の授業や、教会のお勤めや、自分の作曲の仕事で、しょっちゅう忙しがっておりましたのです。

ゲスナーさまがトマス学校の校長でいらっしゃった間は、ゼバスティアンのいろんな勤めに関することもうまく行っておりまして、数年のあいだは楽長《カントル》として何の摩擦《まさつ》もなく、平和を妨げられずに暮しました。彼はもりもり仕事をして、わたくしですら覚えきれないほどだくさんのカンタータその他の曲をつくりました。外部の面倒事《いざこざ》で心を煩わされることがなければ、ますます実りゆたかに能率をあげることができたのは至極《しごく》あたりまえです。相手は市の参事会にしろ宗務局にしろ、いったん彼が何かで紛争を起すと――すべて真面目《まじめ》な論争は楽長としての彼の権利と要求をめぐってのことでしたが――ひどく彼は怒りっぽくなって、なおさらまた悪いことに、人一倍おそろしく頑固《がんこ》になり、バッハ家もちまえの強情《ごうじょう》なところを特にあけすけに見せるのでした。わたくしはあれこれとなだめすかして、すこし我慢すればまるく納まるところなんですから、そんなに強情を張らないで、とすすめてみるのでしたが、いつもみな無駄でした。彼は決して他の人のことでの憤懣《ふんまん》をわたくしに当たり散らすような真似《まね》はしませんでしたから、わたくしの肩をそっと叩《たた》いて、「ねえおまえ、そりゃ僕のことだ、おまえには関係のないことだよ」とやさしく言うのでした。とはいっても、もちろんそれはわたくしにも関係してくることなのです。こんなことで彼の平和に差し障《さわ》りができるのを見ては、どうしてひとごとなどと言っていられましょう。

ゲスナーさまがトマス学校の校長の地位をお退きになり、その代りに学校長エルネスティのご子息のヨハン・アウグスト・エルネスティ氏*が就任なさいましてからは、事情は一変し

＊一七〇七～八一　啓蒙主義的教育の主張者。

て私たちの不利になりました。こんなことは思い出すのも堪らなくいやなことですけれど、ひとまずある事件のことをここで申し上げねばなりません。それは新校長と市会と宗務局に対するゼバスティアンの争いで、ほとんど二年近くも続きました。ゼバスティアンは選挙侯のお口添えのおかげで、よい結果を得られましたけれども、しかしその間ずっと暗雲は低迷しておりました。このいざこざは、考えていた以上に彼の健康を損ねたと思います——またわたくし自身に対しても。このトラブルが片付いたとき、彼はもう以前のように心から学校のことやライプツィヒの公的な音楽生活に身を入れようとはしなくなり、ますます家の中に閉じこもって、ひとり創作に没頭《ぼっとう》する生活にかえるようになりました。

初めのうちは、エルネスティ校長との間もまったくうまく行っていたのでした。校長は私どもの子供二人の名付親になって下さり、年もゼバスティアンよりずっと若くて、ほとんど親子ぐらいのちがいがありました。元来《がんらい》こうしたことからしても、よしんば自分の方が上司であったにせよ、当然、楽長のことを尊敬をもって遇すべきであったと思われます。しかし、合唱隊長ゴットフリート・テーオドル・クラウゼの一件で、楽長と校長との間のあらゆる友情とつながりはぶちこわされてしまいました。

すべてこうしたいざこざの一番深い根源は、たしかに、新校長が音楽にまったく無関心に対していたというところにあったのです。それどころか彼は、内心この芸術を軽蔑しているらしい様子でした。そうでもなければ、まさか楽器を練習している少年たちに向かって、「おまえたち、大道芸人にでもなるつもりかね」などと口癖のようにいう真似は出来なかったでしょう。それにまた、彼が学校の音楽指導はいっさいゼバスティアンに任せきりにしておいたのなら、こうもことが面倒になりはしなかったのです。ところが、そんなつもりは毛頭《もうとう》なく、任命のことといっさいにとやかく口を出して、第二合唱隊の隊長を第一の合唱隊長に昇級させたのです。このことはたいへん重大な処置でした。なぜなら、ゼバスティアンが市会にあてた訴願書の中に詳しく述べておりますように、第一合唱隊の隊長はしっかりした性格の、よい声をもった人物でなければならぬばかりでなく——もし楽長が何かの理由で出席できないときには、音楽のことといっさいを指導しなければなりませんから、立派な熟練と豊富な音楽の知識もまた具《そな》えていなければなりません。

そんなわけで、最初の悶着《もんちゃく》は合唱隊係のテーオドル・クラウゼから起りました。ゼバスティアンはこの人に、時によるとひどいわるさをしでかす下級の小さな少年たちの監督役を委《まか》せておいたのです。特にクラウゼは教会の中でしでかすいっさいの不敬な振舞《ふるまい》を厳重に取締ることになっておりました。

ところが、ある結婚式の際に、クラウゼさんの任されていた少年たちがたいへん行儀が悪くて、よんどころなく彼は何度も叱《しか》りつけたのですが、いっこうに効《き》き目がないどころか、却《かえ》ってつけ上るばかりなので、彼も思っていたより手ひどく懲《こ》らしめることになってしまいました。このことが校長の耳に入りますと、校長はたいへん立腹したのです。クラウゼは立派な性格の持主で、それにちょうど大学へ進もうとしていたところだったのですが、校長は彼を処罰して、全校の面前で公然と鞭《むち》打たれる刑罰を宣告しました。ゼバスティアンはこの裁きの過酷《かこく》で不当なことにかっとなりまして、その瞬間、クラウゼの行為に対するいっさいの責任を、わが身に引き受けようと決心しました。彼は、このクラウゼに対する、人を馬鹿にした判決を撤回《てっかい》させようと、二度までも試みましたが、校長は怒りのあまり口を滑《すべ》らせたこの宣告をいつかな翻《ひるが》えそうとはしませんでした。気の毒なゴットフリート・クラウゼは、ゼバスティアンの骨折りの結果を聞こうと思って、私たちのところへやって来ましたが、ゼバスティアンが顔を暗くしてことの次第《しだい》を伝えますと、可哀そうに真《ま》っ蒼《さお》な顔をして、「それじゃ、楽長さん、こうとなっては仕方がありません、僕は学校をすてて逃亡します——何としてもそんな侮辱《ぶじょく》に甘んずるわけにはいきませんよ！」と申しました。ゼバスティアンも、残された唯一の道は逃亡のほかないことを、認めないわけにはいきませんでした。この宣告が低劣な復讐《ふくしゅう》の下心から発せられたものであることは火を見るよりも明らかでしたし、いえ、それればかりではありません。エルネスティはますます陰険さを発揮《はっき》して、こともあろうに、クラウゼの持ちものや月給など、彼の手中にあったもののいっさいを没収した上、それをまず、市会のはっきりした決議にかけた上で初めて弁済するという処置にまで出たのですから。

こうしたことが、ゼバスティアンの心をたいへん動揺させました。彼は単にクラウゼのために悲しんだばかりではありません。彼が最も痛切に感じましたことは、楽長としての彼が侮辱を加えられたということなのです。このとき以来、彼はもう校長とあたりまえにつきあうことができなくなりました。そして、こうした顚末《てんまつ》がまずことのおこりだったのです。第一合唱隊長としてのゴットフリート・クラウゼの地位は、もう一人別のヨハン・クラウゼという人物に与えられました。ゼバスティアンはこの若い男をあまりよく思っておりませんでした。彼はある日、校長と二人で列席したある婚礼からの帰り途《みち》に、このクラウゼの隊長としての適否について校長と話し合いましたが、そのおりゼバスティアンは、みんなよく知っていることですが、あの男は「やくざ」だったんですよ、と申しました。エルネスティもこの点はある程度認めざるをえませんでしたが、しかし、ヨハン・クラウゼはなかなか腕のよい男だから、やっぱり隊長にした方がよかろう、と答えました。ことごとに気持を悪くしたゼバスティアンは、もうそれ以上何も言いませんでした。

こうして、ゴットフリート・クラウゼが突然学校を去った後に、これに代ってヨハン・クラウゼが第一合唱隊長となったのです。しかし、予期した通り、彼はさっそくへまをやらかしたので、ゼバスティアンはこの男を第二隊長に格下げすることが必要と思い、これまでの第三隊長を彼の代りに据《す》えました。そこで彼は、なぜ交替《こうたい》を企てたかを筋道たてて校長に報告しました。最初エルネスティはこの変更に別段とりたてて反対しないでいたところが、恨みに思ったクラウゼが校長に対し、楽長にわたしてくれといって請願書を提出したのです。ゼバスティアンはかれらの説明をきいて烈火のように憤り、怒ったはずみにクラウゼに向かって、たいへんまずいことを言ってしまったのです。わたくしもそれを案じていましたのですが、つまり彼は、自分がお前を第二隊長に下げたのは、校長が校長の権限でもないことにまで口を出すものだから、それに対して一度、こういうことは、誰がとりきめるものなのか、はっきり見せておいてやろうと思ったのだ、とありていに申してしまったわけです。クラウゼは得たり賢しとばかり、さっそくこの言葉を校長に告げ口したものですから、今度は校長がゼバスティアンに説明を求めるということになってしまいました。こらえにこらえていたゼバスティアンもとう堪忍袋《かんにんぶくろ》の緒をきって、あと先の考えもなく校長に向かい、あけすけにそのままの言葉をくりかえしました。

その夜、ゼバスティアンが戻りました時の様子を、わたくしは決して忘れません。――この浅ましいクラウゼがきっといつか私たちをひどい目にあわすにちがいないことは、わたくしも平素からうすうす感づいてはおりましたものの、さてその時は、何事が起ったのか、後できいてやっとわかった始末《しまつ》でございました。――ゼバスティアンは私たちがみないる居間の戸口にたたずんでいましたが、何だか一遍に幾歳も年をとったように見え、いきなりぶっきら棒に申しました。「みんな、今はわしに何も言っちゃいかん、子供たちもな、さもないと、わしが後になって後悔するようなことを言い出すといかんから、わしをもう少しこのまひとりで放っといておくれ！」。

彼自身もおそらく、平生《へいぜい》はあれほどしっかり引き締めていたバッハ家の強い気質から手綱《たづな》を放してしまって、とんだ間違いをしでかした、と感じていたのだろうと思います。そこでもう、校長がクラウゼを第一合唱隊長の地位に復帰させろと要求しても、いっこうに彼は反対しませんでした。とはいうものの、彼の心は暗く、怒りは鎮まりませんでした。クラウゼはまたクラウゼで罰当りな恥知らずです、すっかりもう勝利者を気どっていたのですが、次の合唱練習の時には、またしてもこのポストには全然不適任であることを証拠だてるような失敗をやらかしました。だものですから、ゼバスティアンも彼をはっきり旧位に復帰させる手配をさらにしようとはしませんでした。そこで校長は、もしもクラウゼが楽長の手で復帰させられないなら、校長自《みずか》ら次の日曜の朝これを行なう、と宣言しました。ゼバスティアンは沈黙を守り続けました。校長は嚇《おど》かしていた通りのことをやってのけて、その上でクラウゼを、報告のためにゼバスティアンのところによこしました。それは早朝礼拝前のことでした。しかし、ゼバスティアンはそれからすぐと宗務監督のところへ行って、一部始終を打明けました。それから彼は聖ニコライ教会へ第二隊長のキュットラーを迎えに行き、この人を連れて、ちょうど礼拝の始まっていたトマス教会へ入って行って、詠唱の真最中《まっさいちゅう》にクラウゼを合唱隊から引きずり出して、キュットラーを彼の位置にすえました。

いくら何でも、ゼバスティアンは、そこまでやるべきではなかったと存じます。これは彼にとって賢明ではありませんし、かえって彼を不利にするものです。そもそもわたくしの一生で、彼のやり方が賢明でなかったと思わざるをえなかったのは、これがただ一度これっきりでした。けれども、もうこうなってはバッハ家の血、バッハ家の強情さが、彼の心を激昂《げきこう》させてしまったのです。激昂した人間には分別も何もありません。

エルネスティはもちろん教会の中にいて、この強引な処置を目撃していました。礼拝がすむと、宗務監督のところへ行って、監督を自分の味方につけました。それから、この報告をゼバスティアンに伝えますと、ゼバスティアンは、どんな犠牲をはらおうと、この事では一歩も後へひかぬ、わしはさっそく市会に訴願状を提出するつもりだ、と答えました。

この悪い日曜日には、続いて次のような事件がもちあがりました。校長は、晩拝式の前に教会オルガンの合唱団席へ行って、厳罰に処するとおどしながら、隊長のことに関しては楽長の指図《さしず》に従ってはならぬと申し渡しました。この校長のやり方も随分ひどい報復的な不当なものです。合唱隊とその隊長に関することは、いっさい楽長によって取決められるのが古いしきたりであり、昔から行なわれている慣例なのですから。ところで、ゼバスティアンは晩拝式の礼拝にやってくると、またしてもクラウゼが第一隊長の席に頑張っているのを見つけたものですから、彼の襟首《えりくび》を引っ摑《つか》んで戸口から突き出してしまいました。ところが、合唱隊の少年たちは校長の言葉にすっかりおどかされており、厳罰を食うというおどし文句に恐れをなして、誰ひとりとしてモテットを指揮しようとはしません。やっとしまいになって、クレープスという名の、もとのトマス学校生が、ゼバスティアンの願いをきいてこの役目を引き受けてくれなかったら、すんでのところで礼拝はめちゃめちゃになるところでした。

翌日ゼバスティアンは市会に覚え書を差し出しましたが、その文面は次のようなものでした。「昨日聖ニコライの午後の礼拝において、懲罰《ちょうばつ》を恐るるの余り、学生は誰一人として詠唱を行なおうと欲せず、いわんやモテットの指揮のごとき、一人もこれを肯《がえ》んずる者なかりしは、小生最大の侮辱と心得候《こころえそうろう》。幸いにしてかかる寄宿生に代り、クレープスなるかつてのトマス校生ありて小生の懇望《こんもう》を容《い》れざりしならば、本礼拝《サクラ》は重大なる妨害を蒙《こうむ》るべかりしところに御座候《ござそうろう》。さるにても、先に提出致せし恭順《きょうじゅん》なる覚え書において十分に説き去り説き来たりしごとく、まさに隊長の任免は、校憲と慣例に従い、校長殿に属するものに非ず、彼またこれにより処置手続きにおいて大なる不正を行ない、かつ小生の職分に最高の侮辱を加えたるものに候也」。

ところが、市会はこのことについて、ゼバスティアンに対し何ら黒白《こくびゃく》の態度をはっきりさせず、事態を放りだしたままにしておいたので、この浅ましい事件はほぼ二年の間のびのびにながびき、校長と楽長は睨《にら》みあいのまま対立の状態にあったわけで、学校の規律にこの上ない悪影響を及ぼしたことはいうまでもありません。両人は互いに責の軽減をはかって覚え書を市会に送りましたが、エルネスティは、私たちの思いもよらぬ陋劣《ろうれつ》な嘘偽を並べたて、ゼバスティアンに対する悪意の数々を言上するということを敢《あ》えてしました。彼はこう主張するのです。ゼバスティアンという男はどんなに真直《まっすぐ》な人間かもしれないが、実は賄賂《わいろ》をまきあげる名人で、今までにも何度も悪銭次第で合唱隊の少年を独唱者に昇格させており、それをやらねば独唱者になれないらしい、と。このあてこすりがゼバスティアンの耳に入ったとき、彼はただ軽蔑したように笑っただけでしたが、しかし内心では、彼の権限に対する校長の不当な介入のおかげで、こんな始末事態にまで追いこまれたことを深く悩んでおりました。ことが自分の権利の防衛に係わるとき、断じて一歩も退かぬことが彼の一つの道徳的原則でした。彼はバッハ家の人間でありましたから、妥協への可能性は彼の資質の外にあったのです。

「小生は第一合唱隊に対し、特別なる尽力《じんりょく》の義務と総監督の権限を有し、有能なる者、小生に適合せる者を、最もよく知らざるべからざるものに候」と彼は、あるとき市会に宛てて書きました。「また、人あって、こと音楽に関する生徒らの、いっさい小生に服従するを妨害するときは、生徒育成の目的は到底成果を得がたく候」。そして、この覚え書は次のような請願をもって結ばれておりました。（この請願は彼の衷情《ちゅうじょう》からほとばしり出て、特別な情熱をもっておりましたから、深くわたくしの心にしみました）「生徒らは以後末長く小生の求むる尊敬と従順とを小生に示すごとく致されたく、また小生をして将来本職の義務を完全に履行《りこう》しうる資格をあたえられたく、切に願上候《ねがいあげそうろう》」。

けれども、すでに申し上げたように、市会はこの問題についていっさいはっきりした態度をとらず、ずるずるべったりにひきのばしていますので、業《ごう》を煮やしたゼバスティアンは、とうとうドレスデンの宮廷に訴えるにいたりました。彼はその少し前に、同宮廷から「宮廷作曲家」の任命を受けていたのでございます。三年前からこれは彼が得ようと志願していたもので、ここでいよいよ彼は勇を鼓《こ》して選挙侯ご自身にお近づきになり、この紛争の黒白が明らかにされて、これ以上、彼の楽長としての当然の権利が抑留されることなきよう、懇願申し上げる腹をきめたのでした。選挙侯は彼にご好意ある回答を賜わり、宗務局にゼバスティアンの訴願を受理するよう諭示《ゆし》されました。一七三八年の復活祭の大市《メッセ》には、選挙侯自らライプツィヒにおいでになり、ゼバスティアンは領主のご面前に伺候して、侯のために一夕の音楽会を催しまして、侯もご機嫌美《うるわ》しくご嘉納《かのう》あらせられました。トマス学校の上司たちは、彼が侯の高いご寵愛《ちょうあい》を得ているのを見まして、これまでさんざ彼を苦しめてきた卑劣《ひれつ》な迫害の手を次第に控えるようになったのでございます。

疑いもなくゼバスティアンは、この長期にわたる紛争の一番根本問題では、どこまでも正当でありましたし、昔ながらの伝統と慣例に従っていたわけですが、わたくしの考えでは、彼も最初いささか短気を起して、かたくなな態度を改めず、挑戦的にすぎて、適正を欠くところもあったのです。けれども、当時すでに巨大な名声を博していた彼を、よしんば宗務局の側からではないにしろ、世間の人々が敢《あ》えてどのように遇したかということを考えますと、それに対してとった彼の態度もわかっていただけましょう。当時彼はすでにライプツィヒの栄光とまでいわれていた存在であり、その彼を、エルネスティさまのような音楽の上では全然とるに足りない方が、さんざこづきまわしたり、クラウゼのように評判の悪い若者がまたいい気になって恥知らずな仕打ちを彼に加えたり、その上またトマス学校の生徒たちがいうことをきかず、失礼な真似《まね》をくりかえして彼を苦しめたのですから、まったく思い半《なか》ばにすぎるものがございます、この一件を通じて、わたくしは、ゼバスティアンをこんなまだ小さな男の子たちの音楽教師にしておくことが、どんなにもったいない乱暴なことかということを痛切にさとりました。そんな授業などは他の人でも出来ますが、ゼバスティアンの生み出す作品はただひとり彼だけにしかできないものでございます。

しかし、こうしたいざこざは、残念なことに、その後の彼に何の跡ものこさぬというわけには参りませんでした。つまらぬ煩いがいつまでも続いて、彼はすっかり年をとり、どんな集まりからもますます遠ざかるようになり、すっかり家に閉じこもってしまいました。それからは、何の邪魔もなく、たえず芸術の仕事に没頭できる、静かな家庭の生活を一番幸福に感じておりました。ライプツィヒの表立ったことのかかわりからもますます身をひいてしまいました。

子供たちと内弟子――この人たちの多くの者は、崇拝する先生に加えられた無礼な仕打ちに憤慨していきりたち、エルネスティの石頭め、ただではおかぬぞ、と卓を叩《たた》くのでした――とこのわたくしとは、私たちの抱いている尊敬と愛情深い献身の限りをこめて、こうしたくだらぬ世間との接触でいためつけられた彼の心の傷口を癒《いや》すために、全力をつくしました。彼は気軽なたちではありませんでしたし、よく物事を深い気質の奥底で感じとり、決して外へあらわさず、むしろ彼の身近にいる者たちにばかりそれを示すのでした。こうした長い月日のあいだ、彼の口もとや、うなだれた大きな頭に、屈託《くったく》の色がにじみ出ているのをみると、幾たびかわたくしは、いっそみんなでロシアへ行ってしまおうか、それともどこかこの地球上の、少しでももっと人びとがおたがいの偉さを尊重して、人の欠点《あら》ばかり探すような卑劣と憎悪のないところへ行けたなら、と思いたくならずにはいられませんでした。

けれども神さま、感謝いたします、これほどに悩みの多かった時にも、楽しい喜びも幾つかあったのでございます。ゼバスティアンが宮廷作曲家の称号を受けましたとき、彼はドレスデンへ行って、ジルバーマンが聖母教会のためにつくった新しいオルガンで、十二月一日の二時から四時まで演奏致しました。多勢の立派な音楽家やその他の名士たちが席につらなり、その中にはロシア大使のカイザーリング伯もおられて、彼の演奏に心から讃歎しながら耳を傾けました。この音楽会から彼がライプツィヒへ戻ったのは、ライプツィヒの市会から召喚《しようかん》されたからで、彼はある合唱隊員があまり低い調子で頌歌《しようか》をうたいすぎて警告を受けたという事由で、正式に調査を受け、今後かかることのないよう注意することをいい渡されたのです。

カイザーリング伯は音楽のたいへん好きな、また豊富な知識をもたれた方で、ゼバスティアンの最も熱心な礼讃者《らいさんしや》の一人となられ、幾たびもドレスデンからわざわざ、彼に逢い彼の曲をきくために、おいでになりました。伯爵の勧めで、彼の弟子、しかも特に素晴しい弟子になった人にヨハン・ゴールトベルクがおります。この人は日夜クラヴィーアを勉強して、まもなく驚異的な上達を示し、軽快な熟練と完全な運指法を身につけました。この弟子のためにゼバスティアンが書いた『三十の変奏曲付きアリア』は、これを弾く人の不世出な技術程度を示す証拠ともなるもので、きわめて少数の人しか弾けないほど、要求度の高いものでありました。この曲のテーマがゼバスティアンの頭に生れたのは、おそらくわたくしが楽譜帳に写しておいたト長調サラバンド舞曲によってであろうと思います。この曲は、伯爵の特別な懇請《こんせい》によって、ゴールトベルクのために作曲されたのですが、それは、この伯爵が時おり鬱々《うつうつ》として眠れない夜など、ゴールトベルクにこの曲を弾いて貰《もら》って、その楽の音によって最も効果的に心を明るくするためでありました。伯はこの曲を幾度きいても決して倦《あ》きませんでした。そこでゼバスティアンにこの作曲のお礼として、美しい嗅煙草《かぎたばこ》盆に百ルイドルを添え、本当に気前のよい贈物をして下さいました。

けれども、ゼバスティアンが敬意を払ったのは、こうした王侯の贈物や貴族の讃辞ばかりではありませんでした。これにまさるとも劣らず彼を幸福にしたものは、アンドレアス・ゾルゲ*のような同じ音楽家仲間からの敬意にあふれた贈物です。この人はロイス伯の宮廷オルガニスト兼都市オルガニストで、自作になる幾つかのクラヴィーアの小曲をゼバスティアンに献げました。彼の言葉によれば、「すべてのクラヴィーアとオルガン演奏家の中の王者」

＊一七〇三～七七。

に献げたのでございます。彼はさらに続けております、「貴下の偉大にして高貴なる音楽の力は、さらに讃歎すべき謙譲の美徳と誠実真摯《しんし》なる隣人愛とによりて一段と美化されん――」。

ゼバスティアンがどんなにお客好きの、打ち解けた人だったかは、すでに申し上げたと思います。わたくしどもの粗末な食卓は、ゼバスティアンの荘重な音楽を聴きにライプツィヒへやってきた人なら、名士であろうと、貧乏学生であろうと、どんな人にでも開放されました。彼はいつでも自分の貯えた中から、叡智《えいち》でも、経験でも、美しい演奏でも、惜しみなく人びとにわかちあたえました。幾たびも私たちを訪れた人の中には、ドレスデン歌劇場の主宰者で有名な作曲家のハッセ*さまとその奥様の立派な歌手であったファウスティーナ・ボルドーニ**さんもおいででした。

ファウスティーナ・ハッセ夫人はとても朗らかで、いつも素晴しく綺麗な装おいをしていらっしゃる親切なレディで、ゼバスティアンの音楽にはいつも夢中な感激ぶりで、よくご自分もそれを声量のある声でとても美しくうたいました。このご夫婦との集いは、わたくしとゼバスティアンにとって、いつもたいへん楽しいものでしたが、ある日、ゼバスティアン

*一六九九～一七八三　国際的に活躍したナポリ派オペラの作曲家。

**一七〇〇～八一　有名な歌手。

は、ご夫婦が帰られてから、申しました。「いつも思うんだが、ハッセ夫人が見えていると、僕のマグダレーナは少し肩身《かたみ》が狭いようだな」。わたくしもそんな思いがしたことは、白状致さぬわけには参りません。それは、ハッセ夫人のような方は、ほうぼう旅行なさって、世間をよくご存じで、その上名声や尊敬もかち得ていらっしゃる人たちですもの、いつどんな席へお出になっても、一座を圧してしまうように見えるわけです。けれどもわたくしはお二人ともほんとに大好きでした。お二人ともゼバスティアンをたいへん高く買って、尊敬しておいででしたし、ハッセさまがいつでもゼバスティアンのよい話相手であったのは、この方が立派なオペラ作曲家だったからばかりでなく、何ごとによらず公正な教養のある方で、決して他の音楽家のことをけなしたりなどなさらなかったからです。その点、嫉妬心などとはまったく縁のなかったゼバスティアンとそっくりです。

ゼバスティアンはよくフリーデマンを連れてドレスデンへ行き、いつでもきまってたいへんな尊敬と歓迎を受けました。自分のまじめな教会音楽に代って、時にはまたオペラ音楽を聴くことが彼の大きな楽しみで、ドレスデンに行きたい気持になると、いつもフリーデマンに向かって、「ねえ、フリーデマン、どうだい、また劇場の粋《いき》な歌でも聴くとしようか」というのが癖でした。ゼバスティアンはいつでも、とても朗らかで元気になってこうした小旅行から帰ってくるのが常でしたから、父と子が一緒になって旅の仕度《したく》をしているのを見ますと、たいへん嬉しゅうございました。こうして、ゼバスティアンはハッセのオペラ『クレオフィーデ』の初演にもつらなりました。これにはハッセ夫人も出演なさいました。その翌日、一七三一年の九月十四日には、彼がゾフィー教会で選《え》りぬきの聴衆――大部分がすぐれた音楽家――を前にしてオルガンを演奏しました。一七三三年にフリーデマンがドレスデンでオルガニストになったとき、ゼバスティアンは今度こそほんとうに、この壮麗な都会をちょいちょいばって訪問できる理由ができたわけです。彼はフリーデマンを眼の中に入れても痛くないほど可愛がっておりましたから。

時にはフリーデマンに代って、わたくしもこの音楽旅行のお伴《とも》をすることがありました。でもそれはそうちょいちょいという訳にはいきませんでした。いつもわたくしが家を離れることはたいへんむずかしく、わたくしがいなくてもよいくらい子供たちがみな大きくなった時には、ゼバスティアンもわたくしも、旅行にたいして興味がなくなってしまっていたのです。一七三二年に彼はカッセルへ招かれ、二年もかかって修理された聖マルティン教会のオルガンを試奏しました。この旅行に、彼はわたくしを連れて行ってくれまして、私たちはカッセルの市会からたいへん親切なもてなしを受けました。ゼバスティアンはオルガンの試奏に五十ターレル、そのほかに二十六ターレルを旅費として貰《もら》いました。私たちは八日間宿に滞在し、ゼバスティアンは給仕を一人つけておりましたが、その宿の支払いも代ってすませてくれました。この数日はわたくしにとって、楽しい幸福な休暇でございました。わたくしは家事の心配をいっさいなげうって、一番上等の、桑《くわ》の実色と青の着物二つをもって、どこへでも夫と一緒に行き、夫の受けるあらゆる尊敬をこの眼で見、さまざまなオルガンを奏く彼の演奏を聴きました。それから彼と一緒に、美しい風景をもったこの美しい町を見物して歩き、ゼバスティアンが微笑しながら申しましたように、まるで若い新婚夫婦のようで、もう十一年も前に結婚した者とも思われませんでした。

あちこちに広く分れているバッハ家の一族のものなら、エルフルト、アルンシュタット、アイゼナッハその他ザクセンのどこの土地から来ようと、誰でもゼバスティアンの家の門をくぐれば、いつでも心から歓待を受けました。彼は自分を養育してくれた長兄の息子、甥《おい》のベルンハルト*を教育しました。バッハ家の者でかつて彼の援助を求めて無駄足をしたものはありませんでした。現にシュヴァインフルトの楽長である従弟《いとこ》のヨハン・エリーアス・バッハ**はしばらくの間ずっとライプツィヒで勉強していまして、わが家の家族的な歓迎をうけたお客でありました。彼は別れて行ってからまもなく、お礼のしるしにと、葡萄酒を一つ送

＊一七〇〇〜四三　ヨハン・クリストフの三男、父の後継としてオールドルーフ聖ミカエル教会オルガニスト。

＊＊一七〇〇〜五五　バッハの従兄ヨハン・ヴァーレンティーンの息子。

ってきました。ところが、その小さな樽《たる》をあけてみますと、中味は三分の一、からになっていることがわかりました。「ほんとに惜しいことをした」といってゼバスティアンは、あけた樽の中を痛ましそうにのぞいてみました。「こういう神さまの賜物《たまもの》を、一滴だって惜しい気がするよ」。従弟はずっと以前から、こういう樽をくれるといって私たちに約束してあったのですが、ゼバスティアンはすっかり計算してみて、ほとんど半分からっぽになっているこの樽に、運賃その他の送料も加えると、葡萄酒一リットルが五グロッシェンにもなるほど高くつくことがわかりました。この勘定をしてしまうと、やおら食卓から身を起して、「いや、いかん」と彼は申しました、「この分量で五グロッシェンは高すぎる。もうシュヴァインフルトから葡萄酒を送ることはやめにして貰《もら》おう。これではあまり高い贈物になってしまう。さっそく親切な従弟の好意と贈物にはお礼の手紙を書かにゃならんが、ついでにもう、これからは贈物はやめるように頼んでおこう」。

彼は必要と習慣とから、何事によらず暮しの上では、バッハ家名代の質素倹約に努め、すべての金銭支出には非常に細心でした。わたくしがただ一つ覚えておりますのは、音楽のことでちょっとふざけてみたくて、二、三グロッシェンもわけなく使ってしまったことがございます。それはあるとき、乞食《こじき》の群に出あいまして、その連中が口々に同じような物乞いのことばを連発しながら彼に近づいてきたのですが、そのあわれっぽい声をきいているうちに、だんだん規則的に調子が高くなってきて、ある一定の音程の配列が聞かれることに、ゼバスティアンは気づいたのです。そこで彼は何度も彼らに、何かやるようなふりをしてみせておいて、それから、あいにく金の持ち合せがないといってごまかしますと、乞食たちの叫び声はますます激しくつのりますが、そこでちょっと何か恵んでやりますと、また少しかれらの歎きは静かになるという具合です。「でもね」とこの話をしてくれたとき、ゼバスティアンは申しました。「まだ確かめてみなけりゃならないことがあるんだよ、こんどはうんとたくさん恵んでやるのさ、そしたら連中の叫び声が、いろいろにあらゆる変化をみせながら、すっかり解消しちまって、もとの調子に戻るものかどうかということをね」。そこで彼はまたこの乞食四重唱《クワルテット》――浮浪者の群のことをこんな呼び方をして――にぶつかると、思いきり惜しげもなく恵んでやって、思った通りの音楽的方法で、このがやがや調子のはずれた叫び声を存分に分解してみて、大いに満足して悦に入ったということです。

ライプツィヒ時代の友人で、「ピカンデル」という筆名で一連のカンタータ（声楽曲）や受難曲の歌詞を彼のために書いたクリスティアン・ヘンリーツィ＊に対しても、ゼバスティアンはいろいろと尽してあげました。彼がこの人と知り合いになった時は、まだこのピカンデ

＊一七〇〇～六四　詩人で、ライプツィヒの郵政官や徴税官をつとめていた。

ルの宗教以外の一般的書き物はたいして有名になっていませんでしたが、彼はこの若者の才能があることを見てとりました。ピカンデルはゼバスティアンより十五も年下で、また彼は自分の合唱音楽の作詞者をたいへん必要だと思っていましたので、この人を自分の協力者にしたのです。ピカンデルはどこか精神に粗野《そや》な月並みなところがありましたけれども、まことに打ってつけの適材な所を見せ、ゼバスティアンの目的をよく理解して、彼の友となり崇拝者ともなって、ゼバスティアンの必要とする宗教的な種類の文学を書きました。

彼はあるとき、ゼバスティアンに向かって、自分がいま宗教的な文学に努力しているのを聞いて、友人たちはみな笑ったけれども、世間で、自分が昔は天国のことなど考えてみたこともなかったなどと思わないでくれさえすればよいのですが、と申しました。やはり彼も、年をとってから干《ひ》乾《から》びた果実を献《ささ》げるだけでなく、若いうちの精神のみずみずしい果実も、神に捧《ささ》げておくのでなければ、本当ではない、と考えていたのです。彼はカンタータ年鑑一巻を著しましたが、そのはしがきに「よき友の求めにこたえ、神を讃えてこの書を成せり」と言っております。この序文はさらに続いて、「もしそれ、詩のみやびに欠くるところあるも、比類なき楽長バッハ氏の香ぐわしき偉大は、これを補いてあまりあるべく、かつまた本歌集の、敬虔《けいけん》なるライプツィヒ市が主教会において詠唱さるべきを思えば、余の欣快《きんかい》あえてこれにすぐるものなし」と。

ピカンデルは、自身もよい音楽家で、もちろんこのことはゼバスティアンにとって、特に好都合でありました。——楽団をゼバスティアンが指揮するようになってからは、この楽団の会員にも選ばれたのでございます。

ゼバスティアンの知らず知らずのうちの感化——彼の誠実な人柄、美しく正しい、すべてのことに対する彼の愛情——がクリスティアン・ヘンリーツィの人柄に特別な影響を及ぼしていることを、わたくしはいつも感じましたが、ゼバスティアンを知ったものは否応《いやおう》なしに、この彼の不思議な感化力で変えられてしまい、また彼の音楽を聴いたものは誰しも、熱心に向上に努めるようにさせられてしまうのでした。すでに申し上げましたように、ゼバスティアンには少しも賞讃を求めるようなところはなく、ただ程よくそれを楽しんでいる風でしたが、でも一度、本当に心から嬉しげに見えたことがあります。

それはあるカンタータの上演があった後のことです。一人の学生がやってきて、彼に申しました。「この音楽を聴きますと、僕はこれを聴いてから少なくとも一週間は、絶対に悪いことをしようとしても出来ないような気がしました」。この言葉をきいたゼバスティアンは、人を喰った識者たちのどんなぎょうさんな讃辞よりも、深く深く心を動かしたように、わたくしたちには思われたのでございます。

ゼバスティアンが余暇《よか》の一部を捧げていた仕事の一つに、「バッハ家文庫」の蒐集《しゅうしゅう》がございます――それはバッハ家一族のいろいろな人たちの一種の系図と報告や作曲などを集めることでした。彼は家という感情を強くもっていまして、バッハといえば、常に他の人たちとは別のものに考え、目に見えないきずなと、同じ精神的傾向とによって共通な祖先に結ばれている人間のことなのでした。それも、バッハといえば、音楽家だということだったからなのでございます。

バッハ Bach という名前の文字そのものがすでに一つの音楽的主題《テーマ》でございました。ゼバスティアンがこの主題で、あるフーガを書きました時にも、このことを微笑しながらはっきり認めておりました。

年をとってからは、彼のおもいはしばしば、かつての生活の舞台であったアイゼナッハやエルフルト、アルンシュタットなどに帰っていきました。エルフルトには一度実際に旅行もして、その地のバッハ一族の人たちといろいろ親しい語らいを交わしてきました。この親戚も、ゼバスティアンの作品や業績を伝え聞いて、たいへん誇りに思っていてくれまして、ゼバスティアン自身もすっかり元気づけられ、明るい気持で帰って参りました。この強い同族の感情こそは、自分の家族、同じ屋根の下に生長する息子や娘たちに対する深い献身となって現われ、この子たちの教育と幸福のために、たえず彼は心を配ったのでございます。

大きな息子たちが私たちの膝下《しっか》を離れて、独力で自分の幸福を世間に求めるようになりました時も、やはり彼は、この子たちがまだわが家の食卓についているような気分で、たえず心をよせて、あのニ短調とハ長調の協奏曲を、子供たちと二人して暇なおりに演奏した時のような調子で、何かと気を配っておりました。あの協奏曲は、彼が三つのクラヴィコードのために書いたもので、これを聴いたことは、いつもとりわけ美しい思い出としてわたくしの心に浮んで参ります。彼自身もこうした家庭の演奏には、いつも独特な幸福感を味わっておりました。なぜなら、フリーデマンとエマヌエルは、技倆《ぎりょう》の点では父親とほとんど肩を並べるほどのすぐれた名手でしたし、そうでなくとも何から何まで彼から教わったのですから、彼とはほんとに生き写しだったのでございます。

楽の音は三対の手から選《よ》りに選った柔かな、しかも正確この上ない調子で流れ出し、とりわけ美しい所へきますと、エマヌエルは幸福でたまらなそうな眼つきをして、フリーデマンと眼と眼を見交《みかわ》し、またフリーデマンは異常に昂奮《こうふん》した顔つきで、父親に微笑を送るのでした。その三人を揃って見つめているわたくしの胸には、ゼバスティアンはこの弾いている人たちの父親でありまた音楽の父なのだ、という熱い思いがこみ上げてきて、驚きとも讃歎ともつかぬ不思議な面持《おももち》で、彼をじっと見つめるのでした。それは、黙って坐しながら、静かに彼のことをあれこれと思い耽《ふけ》っていますと、いつもそうせずにはいられなくなるわたくしの癖でした。

わたくしたちの長い結婚生活のあいだ、決して彼はわたくしのものになりきったわけではありません。いつも彼の、どことなく何とはない強大な力が、わたくしの心の前に迫ってきて、奇妙な怖ろしさがわたくしをおののかせるのでした。それはなんとも言いようのない、わけのわからぬものでしたが、これぱかりはライプツィヒの人たちも、いえ、血をわけた息子や娘たちでさえ、子供らしい畏敬《いけい》の気持を抱いていながらも、決して気づくことのなかったものでございます。とはいえ、この感情はわたくしの魂の奥深くに、とまれ、いつとはなく積り積って、ひそかな恐怖のようなものとなり、わたくしたちの愛さえもこの感情を完全に克服しきることはできませんでした。彼はいつでも、わたくしの抱擁しきれないほどに偉大でありました――このことはもう、初めて私たちが逢ったときから、わたくしの感じていたことです――彼はしばしばわたくしをひたすらに愛情で包んでくれ、彼の近くにいるということは、もうどうにもならぬわたくしの欲求となっていたのですけれども。彼のいない世界を考えることは、わたくしには不可能でした。でなければそれはとつぜん戦慄《せんりつ》しながら、ひとりぼっちだという意識にめざめる悪夢のように思われたのです。こうして、彼を知った最初の瞬間から彼が亡くなるまでそれは続きました。そして最後に、彼の死はこの世はもう永遠に空虚なのだということを、わたくしの心に事実思い知らせてくれたのでございます。

ところでわたくしは、ゼバスティアンが二人の上の息子たちと一緒に合奏している、この世ならぬ光景を回想しながら、何という悲しい思い出に脱線してしまいましたことでしょう。この二人の息子は、やがてわが家をあとにして、父親のもとで習い覚えた輝かしい芸術によって、外の世界にわれとわが生活を立てていこうと致しました。

フリーデマン*はドレスデンのゾフィー教会のオルガニストとなり、作曲の筆をとりました。その曲はゼバスティアンがしばしば手ずから書き写したほどすぐれた価値のあるものでした。ゼバスティアンはこの二人の息子の創作の仕事を特別高く評価していまして、その作品を自分自身のものと同じように重要なものと考え、それをしばしば公開するためにまとめました。こういうわけで、フリーデマンのクラヴィーアソナタは、ドレスデンの作者とライプツィヒの父親とベルリンの弟のところに保存されることとなり、また一方、ゼバスティアンの六つの三部合唱コラール（聖歌）は、ライプツィヒの楽長バッハとベルリン及びハレの息子たちとツェラの出版者のもとに所有されることとなったのでございます。

フリーデマンは十三年もの間ドレスデンでオルガニストをしていましたが、それからハレの聖母マリア教会に移りました。この教会はあの有名なオルガニストで、ヘンデルの師であったツァッハウ**さまがこれまで音楽の指揮を主宰しておいでだったところです。この就職

＊一七一〇〜八四　「ハレのバッハ」とよばれる。
＊＊一六六三〜一七一二　バッハはその後任を志願したが、なぜか実現しなかった。

に、ゼバスティアンはたいへん満足で喜んだのでしたが、しかしこの就職にまつわる一つの不幸な出来事が彼の心をたいへん苦しめる結果ともなり、彼の最後の余生を快々《おうおう》として楽しまぬものにしてしまったのです。

フリーデマンはハレ大学の祝典のために、百ターレルの約束で作曲をする委嘱《いしょく》を受けたのでした。そこでフリーデマンは、事もあろうにゼバスティアンが一度ある受難曲のために書いた音楽を、そのままその歌詞にあてはめてしまいました。というのは――このとんでもない事実はあとになってやっと私たちの知ったことですが――彼はひどく酒を飲んで酔っぱらってしまって、もうどうにも作曲の考えのまとまりをつけることができなくなってしまったからだったのです。こうして彼は、父親の曲をあっさり利用して、大成功裡にそれを上演しました。たまたまこの曲をはっきりそれと気づいたライプツィヒ近在の人がその席にいないでいてくれたなら、こうしたいきさつもわからずじまいですんだところだったのでしょうが、――しかし、これは明るみに出されてしまって、もちろんフリーデマンはその百ターレルを貰《もら》うことができませんでした。

この最愛の息子のもたらした失望落胆は、ライプツィヒの父親の心に手ひどい打撃をあたえ、それでもなお彼は幾たびもくりかえし、事件をできるだけよいように、寛大な光の下で見ようとつとめるのでした。「あいつは自分で作曲するだけの立派な頭をもっているのだ。

わしの曲なんか要《い》るものか。あの呪わしい酒のことさえなけりゃ、こんな話は思いもよらぬことだったのに、可哀そうなフリーデマン！」。

彼はほんとに「可哀そうな」フリーデマンでした。あれほど独特な天才に恵まれていながら、自堕落《じだらく》な性格をますますつのらせて、お酒にばかり憂身《うきみ》をやつし、ついに身の破滅となるような重荷を背負ってしまって――助けてやろうと思って近づく人とは誰とでも喧嘩《けんか》してしまい、妻や小さい娘も見殺しにして顧みないフリーデマン！　わたくしはゼバスティアンがこの可愛い息子の最後の生活期を共に経験しないですんだことを、せめてもの幸せと思います、わたくしには時々このフリーデマンがバッハ家の人たちの中で、たいへんな「取り替え子《ヴェクセルバルク》」、つまり悪魔によってすりかえられてしまった子供のように思われました。ただし音楽だけはそうではありません。これだけは彼の不幸な放蕩《ほうとう》の全生涯を通じて、光沢の失せた鉱滓《こうさい》の中に純金のように光り輝いておりました。

エマヌエル*には、父親は初め哲学と法律の勉強をさせようと思ったのですが、音楽に対するバッハ家の情熱をこの子も深く燃え立たせまして、ひたすら父親の足跡を歩むことしかありませんでした。そして彼はたいへんな勤勉さでこのことを驚くほどに発展させていったの

＊一七一四～八八　「ベルリンの」または「ハンブルクの」バッハとよばれる。

です。彼の音楽生活は坦々《たんたん》として規則正しく上昇していきました。三十六歳で彼は当時まだ皇太子であらせられ、こよなく音楽をお好みであられた、プロイセンのフリードリヒ大王にお仕え申上げ、今日でもなお王室の第一伴奏師でおります。しばしば彼が、いささか得意げに話してくれたことですが、彼は皇太子のご即位ののち、シャルロッテンブルクで新皇帝に対し、一人きりで彼の第一フルート独奏曲の伴奏を申し上げる光栄をになったのです。エマヌエルがプロイセン王室に職を奉じていたおかげで、この音楽をよく理解もし、尊んでおられた大王のために、ゼバスティアンもまた御前演奏を致しました。

ゼバスティアンの三番目の息子のベルンハルトは、ミュールハウゼンのオルガニストになりましたが、ここは父親もかつて彼よりさきに勤めていたことのある土地でした。この地に欠員があるという話をきいたゼバスティアンは市会にあてて手紙を書き、そのポストを得られるよう好意ある市会の支持を懇請《こんせい》しまして、「貴下の支持により小生の願いを満たし、かつ同時に愚息を幸福にされん」ことを請願しました。けれども、このベルンハルトは長生きをしませんで、あまりほうぼう放浪するので、一時はどこにいるのだか、わたくしたちはさっぱりわからないで、ずいぶん心配したことがあります。この子は借金をこしらえたあげく、イェーナで死にました。

わたくしとゼバスティアンの息子は三人のうち二人、音楽家になりました。三番目の息子は彼が一番楽しみにしていた子で、まだほんの子供でしたけれども、彼にとってはほとんど、今はいないフリーデマンにとって代る存在であった末息子ヨハン・クリスティアンでした。ゼバスティアンが死んだとき、この子は十五になっていまして、父親から三台のとびきり立派なペダル付きクラヴィーアを譲られました。ゼバスティアン自身はヨハン・クリスティアンが生れたとき、五十歳になっていまして、小さい時からこの子を特別に可愛がり、またこの子も、ゼバスティアンの息子たちの誰に勝るとも劣らない、輝かしい天賦《てんぷ》に恵まれ、その上元気で、可愛らしくて、利口でありました。早くからゼバスティアンに馴染《なじ》み、犬ころのようにどこへでもあとを追って行きまして、上衣の裾《すそ》にしゃぶりつき、音楽を教えてよ、五線紙をくれ、とせがむ有様で――どの点からしても、父親の心の楽しみ、眼の慰めで、二人の様子を見まもるわたくしはまた、いつも格別な満足感を覚えるのでございました。

人生には多くの失望があるもので、子供というものもしばしばその中にはいるのでございますが、私どもの末子ヨハン・クリスティアンは神さまの特別な授かりもので、その若さと愛らしさと天賦とによって、父親の下り坂となった人生に最後の光を投じてくれました。ゼバスティアンはどんなに多勢の若者たちのために、錯綜《さくそう》した音楽の迷路を導いてやったかわ

＊一七三五～八二「ミラノの」または「ロンドンの」バッハとよばれる。

かりませんが、しかしこの末息子に対するほど大きな喜びをもって指導したことはないと存じます。

このようにして子供たち十三人の大家族も、だんだん私たちのもとを去っていきました。すでに申し上げましたように、多くの子供は人生を一度も経験せぬうちに死んでしまい、残った者たちが幼年時代から生長して若者となり、外で幸福をつかむために、ライプツィヒの楽長邸を出ていきました。晩年には、私どもの世帯もゼバスティアンとわたくしと、ゼバスティアンの総領娘カタリーナ・ドロテーアと、わたくしの長男のゴットフリートの四人に減ってしまいました。この息子は大きくなっていたのですが、精神の方はいつまでも子供のようで、そのくせ電光のような音楽の霊感だけは、それが唯一のもちうる天賦《てんぷ》かのように閃《ひらめ》かせるのでした。しかし、それもそれ以上には伸びえないものでした。このゴットフリートがクラヴィーアに向かって、荒削りの未完成なものではありますが、感動的な調子で即興曲を弾いていると、それと並んで父親が眼に涙をためながらじっと聴き入っており、そのまわりに、まだわが家におりました他の子供たち、綺麗な小さいリースヒェンやクリスティアンやヨハンナや小さなスザンナたちが、不思議そうな顔をして佇《たたず》んでいる光景を、わたくしはよく見かけました。

カタリーナ・ドロテーアは大人しくて気だてのやさしい、手まめな子で、わたくしの家事にはたいへん手助けになりました。このひとは、よその人の前に出るといつもたいへん引込み思案で、その愛すべき心ばえをありのままに見せてくれるのは、ほんの家庭の内輪でだけなのでした。彼女は父親に対する、想像もできぬほどに激しい情熱を、口数の少ないいじらしい人柄の奥に、秘めていました。

ある前途有望な若い法律学者から結婚の申込みがありましたとき、彼女はわれながら自分の失礼さを気にしたほど、すげなくそれを拒絶しました。わたくしはそのことで少し彼女をなじって、この結婚によって得られるあらゆる利益を説明してきかせました。「ごもっともですわ」と彼女はこたえました。「あなたはわたくしたちのお父さんと結婚なさってらっしゃるんですもの。でも、この弁護士さんは、お父さんのような方じゃありませんわ。この方は特に音楽がお好きだというような所は全然ないのです。まして、お父さんの曲そのものも、どんなに尊敬できる方かさえも、わかっていません。第一、私、この方を愛しておりませんわ。それに」とここまできて、彼女は平素の大人しさに似合わず、わっと激しく泣きだしました。「私にはお父さんをのこして出ていくことはできませんわ、お父さんと離れて暮すなんて、とても出来ません！　お母さん、これだけはわかって下さいましね！」。

彼女の気持はよくわかりましたから、わたくしはそれ以上何も申しませんでした。ゼバスティアンはいつもながらの優しい態度で、父親の権力などはいっさい用いず、ただこう申しました。「あの娘《こ》のいいようにしておきなさい。無理に結婚させようとすることは、決していいことじゃないと思うよ」。

月日がたつにつれて、カタリーナとエリーザベットが親切で役に立ち、本当にわたくしを庇《かば》ってくれるものですから、わたくしの家事の心配も少しずつだんだん少なくなり、そこでわたくしはあれこれと改めてゼバスティアンのために捧げる余暇が得られるようになりまして、私たちはまた少し新婚時代のような平和の生活を味わいました。訪問の客たちが帰って行って、再びわたくしひとりゼバスティアンの傍らに腰をおろすたびに、何という喜びを感じましたことか！　その時こそ、わたくしのいつも心から求めているひとときなのです。

ゼバスティアンが一冊の書物を手にとって、低い声で朗読します。それはルッターの食卓訓で、ゼバスティアンの愛誦措《お》く能《あた》わざるものです。わたくしは彼の口からこれの大部分を聞きました。またよく彼はルッターの箴言《しんげん》も読んできかせてくれました。「天然の楽の音が人の手を通して高められ霊化せらるるならば、人間はその楽の音のうちにこそ、大なる驚異もて、いかばかりか（けだし「のこりなくすべて」というは不可能なれば）偉大にして全き神の叡智《えいち》をさとるなる。神はその創造の大いなる楽曲のうちにこの叡智を据《す》えたまえり」。こういったルッターの箴言を読んでしまうと、彼はいつもきっと本を下において、まなざしをこちらへ向けながら、言うのでした。「マグダレーナ、いまわしの手にしている本を通して、おまえとわしがルッターと語りあい、ルッターの意見について尋ねることができ、彼はまたわたしたちに答えてくれる、ということはなんと驚くべきじゃないか。どんな書物でも、ほんとに尊敬して取扱わなけりゃいけない。書物というものは、とにかくわれわれにとっては過去の叡智《えいち》のいっさいを包蔵しているものなのだから!」。

彼自身、自分のささやかな文庫をこの上なく大切にしていまして、その蔵書類はいつでも彼を、くだらぬ冷たい俗世間のいざこざから救い出してくれる、大きな慰めでありました。学殖深いヨセフス*の『ユダヤ古代誌』とか、ガイエル**の『時と永遠』とか、ラムバッハ***の書『イエスの涙について』などを読んでいると、彼はトマス学校の生徒たちの無躾《ぶしつけ》も、うるさい煩わしさも、すっかり忘れてしまうのでした。とりわけ彼の心に大きな慰めをあたえてくれたのは、私たちよりもとうにはやく生をうけたシュトラースブルクの善良なるドミニカ僧侶ヨハネス・タウラー****の『説教集』でありました。ゼバスティアンがこの書物を購入して読

*三七/三八～一〇〇頃　ユダヤの歴史家、西紀六七年ガリレア戦の将帥で、ローマに虜囚となり、皇帝の愛顧を受けたといわれる。

**一五二五没、フランクの貴族、ルッターの弟子、農民戦争で有名。

***一六六三～一七三五　ルッター派神学者、ハレの敬虔主義を代表する人。

****一三〇〇頃～六一　エックハルトやゾイゼと共に、ドイツ神秘主義の代表者。

むつもりになった最初の動機は、ルッターの次のような言葉のためと存じます。「汝もし至純なる神の知識の大本を得るべき読書の喜びを得んとならば、ドミニカ僧ヨハネス・タウラーが説教を手にすべし。ラテン語にまれ、ドイツ語にまれ、余はこれに勝《まさ》りて有益なる神の教え、これに勝りてよく福音と合一せる神の教えをいずこにも見ざりき。このまことに聖なる知識の黄金なるに対しては、今日の最善なる学識といえども、黄銅にてすら非ず、単なる粗鉄にすぎざるを悟るべき書これなり」。

ゼバスティアンはたびたびわたくしの心をひきたて、信仰を勧めるために、とりわけ人の心が平和にしずまり、宗教的なことに向けられやすい日曜の夜など、この書物から読んできかせてくれました。特に彼の気に入っていた幾つかの個所は、幾度となく読んでくれましたので、よくそらんじております。たとえば次のようなものでございます。

「われらはいかにして神の直接の導きを感ずるにいたるを得るであろうか。すなわち、われらは心してわが胸のうちを見、おのが住みかの門内に安らけく生を送ることによるのである。されば、人間はおのが心のふるさとに住して、外なることを休みなく追い求むるはやめるがよい。かくして人がこの地上にありて、自らをふるさととなすならば、必ずやまた、家にありて何をなすべきか、神はいかなる媒介《なかだち》の手だてもなく人の心より何を求めたもうか、を悟るにいたるであろう。かくてこそ、人はおのが身を神に委《ゆだ》ね、愛する主のいずこに彼を導きたもうとも、神のみあとに従うがよい。瞑想のときも然り、懺悔《ざんげ》者の群に投じ、或《ある》いはわが家の飾りを愛する人びとの列に投ずる、行ないのときまた然《しか》りである。喜びにつけ悲しみにつけ、ひたすらにただ従うがよい。かくてもなお神の手をおのが心に、またなべての物に感得せざるときは、よろしくおのが身をさらりとすてて、現《うつ》し身を思うことなく、神のみむねのままに、ひたすら常にわれらが主イエス・キリストの愛にみちたる譬《たと》しえを眼前に仰ぎつつ、更《さら》に歩みを続けるがよい」。

第六章　バッハの音楽

バッハの音楽の宇宙について。
地上の喜びをへめぐりて、受難の曲にまでいたること。

ゼバスティアンとゼバスティアンの音楽とは、わたくしの胸、わたくしの心の中で、離れがたく結ばれているのでございますが、わたくしはこのささやかな思い出の記録に、彼のこと、彼の生活のこと、を書きながら、つい彼の音楽のことは、すこしなおざりにしたようでございますから、このことを申し上げるために、さらにいささか時と場所をのこしておかねばならないと存じます。わたくしにとって、ゼバスティアンは音楽なしには考えられないのでございますから、彼の音楽のことは誰かが別に書いて下されば、などと考えてはいられません。わたくしには、彼の芸術についての学問的な論文を書くなどということは、どんなに必要なことにもせよ、とても出来ないことでございます。それにはマールプルクさまとかクヴァンツさまのような向きの方が似つかわしいことでしょうが、わたくしはわたくしなりに、彼の芸術が聴く者たちにあたえた影響について、二、三申しのべさせていただきましょう。

彼が一生の間に書いた音楽を数えだしてみると、ただもうその数の多いのに驚くほかはありません。オルガン音楽、室内楽、百に余る教会カンタータ（聖歌）、ラテン語の大ミサ、福音書《ふくいんしょ》によるわが主の受苦伝五曲、ヴァイオリン協奏曲、クリスマス聖譚曲《オラトリオ》、平均律クラヴィーア曲、ありとあらゆる組曲やパルティータ、その他クラヴィーア音楽など——こうしてみんな思い出しておりますと、ほんとうにいきなり、何か好きなアリアやオルガンフーガ、あるいは三重奏曲がわたくしの心の耳をかすめていきまして、やがてはっきりと、「わが信ずる心」とか「備えよ、ツィオン」、こよなく魅惑的なパッサカリア（バロック音楽の器楽形式の一つ）の冒頭のようなオルガン音楽、真面目《まじめ》で愛すべきニ短調カンツォーネなどが聴えてきて、もうこんな崇高な思いに浸っていては、これ以上はとても書けなくなってしまいます。

こうしたすべてを創造した彼は、私たちのもとを去ってしまいましたけれど、彼を愛するすべての人びとは、神聖な言葉で「死すれど彼はなお語る！」と言うことができるのです。わたくしも心にはっきりと、音楽の生くるかぎり、彼は生き続けるであろう、と確信して疑いません。音楽にはいま新しい思潮が生れ、常に新しいものを愛する若い人たちは、これに従っていることを、わたくしはよく存じております。しかし、この人たちがもっと年をとれば、また必ずみな、彼にかえるでしょう。わたくしが彼の妻であり、いえ、ああ、妻であった！　ということがわかるくらい、わたくしとて音楽のことはわかります。よしんば、彼が死んでから幾年もたたぬ現在、彼の作品はほとんど忘れられて、息子のフリーデマンやエマヌエルの作曲の方がもてはやされていると致しましても。今は、彼は「老バッハ」であり「頑固親父《がんこおやじ》」でございます。ああ、彼の世を去ると共に、尊敬は地を払ったかのようでございます。私たちが若いころ、偉い先生方のことを語りあったのとは、何という変りようでございましょう！

ゼバスティアン自身は、少しも何かの流派に従うというようなことはありませんでした。彼は自分の芸術的発展と成熟の時代全般にわたって、あらゆる形式を研究しつくし、鉄のような不抜《ふばつ》の信念をもって、音楽の真の構造と意義とを闡明《せんめい》しようとする心からの衝動に従いました。けれども、すべて彼の書きましたものにあっては、彼はひたすら自己の天分《ゲニウス》にのみ従い、決して同時代の人々の声などを右顧左眄《うこさべん》することはありませんでした。だからこそ世間の人たちは、この尨大《ぼうだい》な彼の音楽をまるで問題にせず、いえ、理解しないのです。「もし人間がみんな耳をもたなくても、やっぱりあなたはきっとこういう音楽をお書きになると思いますわ」と、いつでしたか、わたくしが申しますと、「僕もそう思うよ」と、彼は微笑しながら答えました。「とにかく今だって実際、たいていの人の耳はきこえないんだが、しかしおそらく、いつかはきこえるようになるだろうと思うよ。それに、自分の満足のために書いているのなら、みんなが僕の芸術を好かないからといって、なにも僕は怒るにあたらないよ」。世間の人が何をいおうと、それを特別気にするようなところは、少しも彼には認められませんでした。彼が心をよせる批評といえば、ほんの小範囲の人びとのものに限られておりました。

わたくしがこれを書いております間に、カスパール・ブルクホルトの好意で、夫の音楽的人となりを書いた一文が手にはいりました。それはわたくしが彼の偉さについて申し述べましたことを、すべて保証してくれておりまして、たいへんわたくしを喜ばせてくれたものでございますから、ここにもう一度書き記しておこうと思います。「ヨハン・ゼバスティアン・バッハ氏は並みはずれた超天才であった。氏の魂のひろがりは尋常一様のものではなく、氏の如《ごと》き人物を再び見るまでには、なお数世紀を閲《けみ》せねばならぬであろう。彼はクラヴィーア、フリューゲル、チェムバロその他あらゆる鍵盤楽器をすべて等しく独創的な力をもって演奏したが、なかんずくオルガンを征服するにいたっては、何人《なんびと》といえども彼に如《し》くものはない。果して事実オルガン奏者として何人が彼に敵し得ようぞ。彼は、自己の芸術のために、とりわけ有利につくられた手を有していて、左手を十二の鍵幅《はば》にひろげ、その中指三本を用い、中間部にて快速調の連続音を奏することができた。彼は極めて精密確実迅速《じんそく》にペダルストップを利用し、また極めて静かに音もなくストップを抽《ひ》き出して、聴衆はさらにこれに気づかざるのみか、常にその至純にして魔術的な共鳴の妙音に驚かされた。彼の手は疲れを知らず、能《よ》くひねもす夜もすがらのオルガン演奏に耐えた。葬送と荘重と有情滑稽《こっけい》の様式、明暗ふたつながら彼の練達せるところで、技の達人と作曲家とを併《あわ》せ兼ねていた。その理念の豊富なることは、これに及ぶものただ彼の子息のみ。これらいっさいと同時に、彼は子弟を教導するの才をも併《あわ》せ有し、この才たるやまた驚歎すべき完成の域に及んでいた」。

若い頃、ゼバスティアンは、長兄のヨハン・ヤコプの旅立ちのために、一曲のカプリチオ（狂想曲）を書きましたが、この愉快な曲はたびたびわが家のみんなで演奏して楽しんだものです。とても滑稽なものですから、いつでも子供たちは乗合《のりあい》馬車の角笛のフーガのところへくると大喜びでして、また一方、いくら勧めても家に留まることを肯《がえ》んじない兄さんに対する悲歎の気持が、とても印象的なメロディーになって、よく出ていました。私たちがこの若い頃の作曲を演奏しますと、いつもゼバスティアンはたいへん朗らかになって、これを聴いていると、この小曲を書いた若い頃にすっかりかえったような気がするよ、などといつぞや申しておりました。

彼の作曲した音楽のほとんど大部分は教会音楽ですが、ケーテンでは、すでにお話しましたように、多くの室内楽を書きました。けれども、ただ今申し述べたカプリチオを除けば、世俗的なカンタータはほんのわずかしか作りませんでした。その中で最も重要なものは、農民カンタータ、コーヒー・カンタータ、フェーブスとパンのカンタータです。それからまだ、ある人びとの命名式のための世俗的な楽劇、二、三の結婚カンタータ、ソプラノ独唱のために書かれたものでわたくしもゼバスティアンの求めに応じてよくわが家でうたったことのある恍惚《うっとり》とするような春のカンタータ、などがあります。わたくしのため、わたくしの声のためには、彼はまた四旬節前第三日曜日の宗教的カンタータ『われはわが幸に心満ちたり』も書いてくれました。このカンタータをうたいましたとき、彼はすっかり相好《そうごう》を崩して、生きることにしん底から満足したこの歌詞が、ほんとに僕の奥さんには打ってつけだ、とわたくしに申しました。「そりゃあなたの奥さんですもの、そうでなくってどうしますの」とわたくしは答えました。わたくしだって、自分の心からの満足の原因、その強い根拠はよくのみこんでおりました。

ゼバスティアンの音楽の大部分は、葬送のことや神聖な行事を取扱っていましたから、ゼバスティアンをよく知らない人たちはみな、彼がコーヒー・カンタータのような諧謔《かいぎゃく》的なものを作ったのにびっくりしました。けれども、彼はいつも笑いだすような物語が好きで、それにコーヒーも、上等なビールや例の莨《たばこ》パイプと同じように、大の好物でした。友人のピカンデルがコーヒーの害について愉快な話を書きましたとき、ゼバスティアンはたいへんこのユーモアを面白がって、それを作曲しようと思い立ちました。その話というのは、コーヒーが一人の少女の手から今にもその恋人を取り上げてしまいそうになり、結局その少女は父親を欺《だま》して、恋人もコーヒーもまんまと手に入れるというのですけれども、このお話の発端《ほったん》をピカンデルはまずこんな風な話で始めるのです――王様のお布令《ふれ》が出て、王様ご自身のほかはその宮廷で誰も彼も、コーヒーを飲むことは厳禁されることになりました。「あああ、いっそパンを取り上げてくれちまった方がまだましだわ、コーヒーがなくちゃ、死んでしまうっていうのに」とライプツィヒのご婦人たちは歎声をもらします。世間ではみな、とりわけコーヒーがやめられぬほど大好きなライプツィヒ人たちのことを、ここぞこそ蔭口していいます。

ところで、ある旧弊《きゆうへい》な堅人《かたじん》の娘さんがたいへんなコーヒー狂いで、父親はこの悪い癖の直るまでは良人《おっと》をもたせないぞといって脅かしますが、娘は逆に父親の上手《うわて》を行って、自分はコーヒーを飲ませてくれる男でなければ良人にしない、ということをほうぼうへやたらに吹聴《ふいちょう》してまわるのです。この小話のために、ゼバスティアンは明るい生きいきとした曲を書き、わが家ではいつもこの演奏が楽しみでした。これの結びにある愉快な三重唱《トリオ》を子供たちが三人でうたいますと、何度も彼の楽しそうに笑う声が聞かれるのでございました。

ピカンデルは「フェーブスとパンの争い」の歌詞も書きました。この楽しく朗らかなカンタータは一七三一年に楽団によって上演されました。フェーブス*の歌は美しい、とても節廻しのよいもので、モームス**がフェーブスに向かって、おまえの歌ほど美しいものはないから、もう一度竪琴《たてごと》で弾いてみたい、と言うのも無理はありません。パン***はとても溌溂《はつらつ》とした幾個所かをうたうことになっていますが、それはフェーブスの歌とは一種面白い対照をなしています。

この初演のあとで、ライプツィヒの市参事会員の方が一人私どもに見えまして、わたくしにおっしゃいました。「奥さん、ご主人の新作発表、おめでとうございます。ご主人がこういった風の音楽もお書けになるとは、私はちっとも知りませんでしたよ。楽長《カントル》さんといえば、いつでも教会音楽とばかり考えてました」。「そりゃあ、あなたが、うちにおりますときの主人をご存じないからでございますよ。うちでは本当に、どんな音楽でもつくりますのです」とわたくしは答えました。そのときわたくしの思い浮べておりましたのは、「ごっち《クウォド》やまぜ《リベー》」や小さいメヌエットやその他あらゆる面白おかしい歌のことでございましたが、彼

*太陽の神。アポロの別名である。
**非難と嘲弄《ちょうろう》の神。
***森と牧畜の神。

の、子供たちを膝《ひざ》にのせたときにいつも聴かせるためにこしらえたこうした歌は、子供っぽいとても無邪気な、流行唄《はやり》の節などもとり入れたものでしたから、子供たちはみんなすぐに覚えて、家中せましとうたいまくりまして、よくまたお父さんからお目玉を頂戴《ちょうだい》しないことには、黙らせることができないのでした。「でも、お父さん、自分が作ったくせして！」とあるとき小ちゃい娘が口答えをしました。そのときも彼は、そんな歌、もうおやめ、と言ったのでしたが、彼はまた答えて、「そりゃそうさ、でもなあ、いまお父さんはローマ法王みたいに、おまえがやめることを望んでいるんだ」と言いながら、この子の耳を引っぱりました。「お父さんはね、自分の作ったもので、死ぬほど苦しめられたくはないんだよ」。

市参事会員の方が、ゼバスティアンを何よりもまず宗教音楽と結びつけて、その結果彼のことを、万事まじめくさって上下《かみしも》を着たような風にいつでも考えたのは、もちろん、大局からいって、ごもっともなことでした。彼はそうしたものを、わたくしでも数えきれないほどたくさん、書きましたし、その上、日曜といえばしょっちゅうそれらの曲が、ライプツィヒの人たちの耳にしみこんでいたのですから。こうして、早朝礼拝に出かけます日曜のたびごとに、またゼバスティアンの新しい音楽が聴かれる、そしてまた彼は、わたくしの心に、高い神聖なものをあたえてくれるのだ、という美しい感想がわたくしについてくるのでした。彼の作曲の中でも、もちろんわたくしが特に他のどれよりも好きなものが幾つかありました。それらの曲はわたくしの心を一種の法悦《ほうえつ》でいっぱいにさえしてくれましたから、時おり彼と一緒に家へ戻って、彼が子供たち一同の先に立って食卓につき、旺盛な食欲でご馳走《ちそう》を平げているのを見ますと——とにかく彼はいつでもこの有様でしたから、彼のためにこしらえたものは何でも喜んでいただきました——これは夢ではないのかしら、でなければ、ここにこうして坐って食べたり眠ったり、この世界を動きまわっている人間に、あの音楽が書けるはずがない、あの音楽はきっと天から私たちに降ってきたにちがいない、というような妙な感じにとらえられることがございました。わたくしがこんなことを思っているときに、ゼバスティアンがわたくしの心の中を見ることができたとしましたら、きっとわたくしを大馬鹿者と思ったことでございましょう。

彼と生涯を共にしたわたくしでございます。そして、彼の思想にはどんなにたえず、宗教的なこと、精神的なことがこびりついていたか、コラールのメロディーがいったい彼には何を意味していたのか、それは早くから彼にとって何であったのか、をよく知っているわたくしでございます。そのわたくしがしかも、彼が何か、どんなにか宗教とは縁遠い種類の音楽を生んだとしても、最も驚き怪しむことのないわたくしなのでございます。ですから、この一つの意味では、わたくしは決して彼のことでは驚かなかったのですが、しかし彼の音楽の幾つかの曲、その中の幾つかのメロディー、幾つかの大合唱は、何かしらわたくしにも深い驚きの思いで、不思議だとしか呼びようのない——息の根がとまるような、これを書いた人が怖ろしくてたまらないような、何ものかでございました。

結婚後十年、三位《さんみ》一体《いったい》後の第二十七日曜日に、ゼバスティアンがこの日のために書きました『目覚めよと呼ぶ声あり』*の主音楽をきいたときも、こうした感情がわたくしを襲いました。このコラール（聖歌）の歌詞とメロディーは、百年以上の昔に、ニコライ牧師さまが、そのほとんどすべての小家畜を疫病のため犠牲になされたとき書かれたものでございます。それはよい詩で、高貴なメロディーで、共にゼバスティアンが不思議な霊感を得るにはまちがいなく役立つものでした。その歌詞の対象、闇の中を歩み来る神々《こうごう》しい花婿、賢い乙女たちと愚かな乙女たち、花嫁の歓喜、こうしたすべての荘重《そうちょう》な姿がゼバスティアンの心に、ただひとり彼のみがこの世にあって書き得るあの言い知れぬ旋律《メロディー》の炎を点じたのでございます。

わたくしの心までも常に一種の恐怖でいっぱいにした今一つのカンタータは、ゼバスティアンが復活祭第一日のためにつくった『キリストは死の絆《きずな》につき給えり』のそれでありました。とにかく、どのカンタータ一つをとってみても、それぞれ特別の美しさをもっているの

*現行の『讃美歌』（日本基督教団出版局発行）第一七四番（警醒招致・マタイ二五、六）。一五九九年フィリップ・ニコライによる作詞である。

バッハの自筆楽譜(カンタータ 152 番 Tritt auf die Glaubensbahn)

ですが、その一方は戦慄《せんりつ》するまでに厳粛であり荘重であって、他の一方は愛らしく優美で、光と美と神の愛に満ち溢れております。こうしたカンタータを知れば知るほど、誰しもそれが語れなくなるのです。その音楽の物語るところが、実際、ことばでは表現できないのです。

しかし、だからといって、ゼバスティアンは言葉を軽蔑しはしませんでした。逆に、詩句は、それが偉大な、美しい崇高な事物を語るとき、彼にとって限りなく多くの意味をもっていました。聖書の一節、多くの頌歌《しょうか》の詩句は、彼の胸の中で、未《いま》だかつてない音楽の流れのともづなをとくのです。

時々わたくしは家で子供たちと一緒に大作の一部をうたっておりましたが、ちょうどそこへゼバスティアンが入ってくると、彼は頭を垂《た》れ、眼を閉じて、私たちのところに腰をおろし、じっと聴き入るのでした。そしてわたくしは幾たびとなく、いったい彼は何を感じているのだろう。自分の書いた音楽がどのように響いているのだろう、と心に問うてみましたが、その音楽は、私たちには、完全無欠のものに思われるのでした。——彼は耳を傾けていましたが、そうした際に彼の申したいろいろな言葉から推して、彼がすべてに完全に満足してはいなかったと申すことができます——とりわけ晩年の彼は、自分でも特別の価値を認めている作品を、常に新たに推敲《すいこう》し彫琢《ちょうたく》するために、多くの時間を費しておりました。「ほんとうの音楽を、われわれはただ、おしはかるだけなのだ」とは、おりにふれてよく彼の申した言葉でございます。とまれわたくしは、彼こそこのほんとうの音楽をこの世においてなお最もよくおしはかり得た人だ、と信じております。おそらく彼は、他のいかなる無常の人間たちよりも、その泉のほとり、根源の近くに、位置しておりました。誰しもあの『主に向かいて新しき歌をうたえ』*というモテットのごときを思い起すならば、きっと躊躇《ちゅうちょ》なくこのわたくしに同意して下さることでしょう。まことにいっさいの聖なるものが、この栄光に溢《あふ》れた崇高な音楽に声を合わせて相共に唱和しております。心と耳をひらいてこれを聴く人たちは、みなおしなべて、驚歎と聖なる畏怖の状態にひきこまれずにはおりません。——それは、人びとが、フーガにおいてと同じように、この曲の筆舌につくしがたい音楽の世界

＊詩編第一四九および一五〇、八声。

に驚かされるからではありません。ゼバスティアンの魂に潜む霊の力がぐんぐんと力強く、人びとの情感にのしかかってくるからなのでございます。

いつもわたくしは感じましたが、彼はこの力を、それもとりわけオルガンの作曲において示しているのでございます。彼がこの最愛の楽器をもう幾たびとなく、痛切なまでに激しく、奏いているのをわたくしは聴きました。彼のオルガン音楽は深く深くわたくしの結婚生活の歴史に織りこまれていまして――しかもわたくしが初めて彼を見、彼の演奏を聴いたのはオルガンのもとでした――何か彼のことでまとまったお話をしようと思っても、このオルガンという対象の的をはずれたら、わたくしの心は何もできない有様《ありさま》なのでございます。ですから、このオルガン曲の方が、わたくしには、他のものよりもなおさら好ましいことは申すまでもありません。

わたくしのとりわけ大切に思っておりますものは、あの美しいト短調パストラール（牧歌）やニ短調カンツォーネ、それからオルガン小曲集の一連のコラール前奏曲で、この曲集は何よりも特別わたくしの心から親しんでいるものでございます。けれども、彼の書いたオルガン曲はみな、いったん彼自身の手にかかると、どれも甲乙なく人の心を圧倒するような響きをたてるのでございました。そんなときは、この気高い美しさの力強い波が、あたり一面に氾濫《はんらん》しました。もしも何か新しい作曲でちょっと戸惑《とまど》いしたり、すぐにはよく呑みこめなかったりしたときには、わたくしはもう二、三度も続けて、聴けばよいのでした。それでそのメロディーの線と好ましいものの意味はたちどころにはっきりして、最初どこか馴染《なじ》めぬところのあったのも、みんなわたくしが鈍感だったせいであることがわかりました。

ニ短調トッカータとフーガの華麗なきらびやかさはどんな聴き手もたちまち魅惑されてしまいますが、ドーリア風トッカータの厳粛な美と偉大さは、そうすぐわかるというわけには参りません。ああ！　何といってもまず、ハ長調、イ長調、へ短調、変ホ長調の偉大な前奏曲とフーガ、同じくト長調とト短調のそれ、そしてあのすばらしいパッサカリア！　さらには、際立って美しいホ短調のフーガを伴う小前奏曲もあります。『バビロンの流れのほとり』をきいて、魂の上に蔽《おお》いかぶさってくるあえかな哀しみを、誰の胸がおさえることができましょう。それから、コラール『いと高き神にのみ栄光あれ』*のために九つも彼が書いた一連のオルガン前奏曲を思い出さずにはいられません。そしてまた、死の呼び声をきいたとき彼のつくりましたコラール前奏曲、『来れ、聖霊よ』のような栄光にみちた曲を。

いえいえ、もう一つ一つあげてなどいられません。ゼバスティアンのオルガン音楽にふさわしいような言葉はとてもみつからないほど、ただただわたくしはあまりに深い感情が胸に

*現行の『讃美歌』（日本基督教団出版局発行）第六八番（三一の神・ヨハネ壱書五・五）。

溢《あふ》れるばかりです。彼はこの音楽にこそ、あらんかぎり、心の丈《たけ》を注ぎましたし、この音楽の響きのうちにこそ、過ぎし日のわたくしの生活の幸福が限りなく秘められているのでございます。

彼が亡くなってからというものは、もうオルガン音楽を聴くこともありません――わたくしはただ書き写したものを読みながら、その思い出に生きております。

ところでわたくしはまだいつも、ゼバスティアンが福音書の言葉によってわが主の受苦の物語からつくりました巨大な作品のことについては、ちっともお話致しませんでした。マタイとヨハネの受難曲、これはたしかに一個の人間の精神が生み出した最大の芸術作品でございます。ト短調の偉大なミサ曲も、やはりこれに属します。これらの作品のことを敢《あ》えて何も申し上げないでいるわたくしを、わかっていただけるものと存じます。その歌声を聴いておりますと――ミサ曲はまだ一度も完全に聴いたことなく、いつも部分的にしか聴いていないのですが――わたくしは何がなし巨大な海がわたくしの上を鳴り渡っていくような、圧倒される思いに浸されました。ミサ曲の最初の合唱「神よ憐みたまえ《キリエ・エレイソン》」の大いなる連禱《れんとう》の叫び、やがて合唱の沈黙、と同時に器楽がたぐいまれな美しい楽の音をさらに続けて、それはもう常にあらゆる表現を越えて、崇高限りないものに思われました。

このミサ曲と受難曲を聴いていない方々には、わたくしなどよりももっとよい言葉をもってしても、とうてい説明できるものではありません。これはもう言葉などでとらえようとすべきものではない、とつくづく感じます。とても言葉の及ぶところではありません。いっさいの説明はここでは愚かなことです。この音楽は、ゼバスティアンの胸の奥底から生れました。彼は苦しみ悶《もだ》えつつ、これを書いたのです。キリストの傷手《いたで》も、十字架上の死も、彼自《みずか》らの苦悩と万物の罪深きを感ぜずには、考えられなかったのです。この苦痛からこそ、彼のすべての受難音楽に溢《あふ》れる、人の心を震撼《しんかん》させるような美しさがはじめて匂い出ました。ここでわたくしの心に聴えてきますものは、『ヨハネ受難曲』のアルト独唱「そは成れり」でございます。それはいつも本当に独特な、荘厳《そうごん》な悲しい音色《ねいろ》を湛《たた》えて、わたくしの心に浮んで参ります。この受難曲が初めて一七二四年の復活祭前週に上演されましたときは、一人の少年がこの独唱を何ともいいようのない魂のこもった、不思議に感動的な声でうたいまして、満堂の聴衆は一人として涙を流さぬものはございませんでした。

マタイ伝のための音楽は、それから五年後の復活祭前金曜日に初めて上演され、あまりに力強いものであったために、初めての聴衆には十分に理解されませんでした。ライプツィヒの人びとはこれにたいして心を寄せず、その上この曲の上演はまだ本当に難かしくて、トマス教会の合唱隊も上出来とまではいきませんでしたので、一七四〇年にいたって、ゼバスティアンが重要な変改を加えてから、ようやく二度目に人びとの耳に達しました。新しい衣裳をまとったこの曲は、ライプツィヒの人たちに、前よりもよく解って貰《もら》えたようでした。それにおそらく市民たちは、前よりも幾らか、自分たちの町にどういう音楽家が住んでいるのかということをわきまえるようになっていたのでございましょう。

ゼバスティアンが行なった変改の一つの理由は、栄光にみちた合唱「おお、人よ、汝の大いなる罪に泣け」を、『ヨハネ受難曲』の冒頭から『マタイ受難曲』第一部の最後へ移すという点にありました。わたくしのオルガン小曲集にあるコラール前奏曲の中の最も美しい、あわれを誘う、悲しい一つが、これと同じ主題でございます。ゼバスティアンが受難におけるイエスの言葉をいつでも絃楽器だけで伴奏させているのは、たいへん美しい思いつきです。そのために、主の御姿がいつも微光のなかに浮んでくるように思われるからでございます。この作品の結びの合唱は、ゼバスティアンの天才が成しとげた最大のあらわれの一つです。——この音楽を聴いていると、さながら聖餐式の「十字架上のキリスト」を前にしているように、心が驚くほど静まりかえり、いつもわたくしの心の中を、あの「汝の魂を一ふりの剣さし貫くべし」という聖句がよぎるのです。そして、ゼバスティアンのインクの跡もなまなましいこの「十字架上のキリスト」の総譜を見ますと、たとえ音楽は聴かなくとも、ここで一ふりの剣が彼の魂をさし貫いたことがわかる気が致します。私たちすべてと同じく、彼もこの苦痛の叫びの後に、アルト独唱「世の罪を救いたもう神の小羊」の選《え》りぬきのメロディーによる慰めと、終曲合唱「われらに平和をあたえたまえ」の平和とを用いました。

この音楽こそは、ゼバスティアンが日常幾たびとなくあらゆるいざこざに十重《とえ》二十重《はたえ》に囲まれながらも、常にわが心のふるさととしていた魂の国から、ひたぶるに生れ出たものです。彼を理解し、彼の音楽を理解すればするほど、このことはよくわかります。彼の心眼の前には常に一つの絵姿が浮んでいました。それを求めて彼の精神は、ひたすら情熱的に伸びていったのです。そして彼は、使徒パウロと共に、「わがしりえにあるものは棄《す》てておきて、目ざすものに急がん」と語ることができました。――けれども、彼の目的は聖パウロのように、この世にはなかったのでございます。

第七章　終　焉

娘の結婚、プロイセン王御前に伺候《しこう》のこと。献上音楽とフーガ芸術について。最後の災厄と最後の魂の叫び。「今ぞわれ、神の御前に進まん」について。

ゼバスティアンの弟子の一人ヨハン・クリストフ・アルトニコルのことはまだあまり申し上げませんでしたが、彼は私たちの娘エリーザベットと結婚しましてな、私どもの息子となりました。彼は、ゼバスティアンが死ぬ六年前に、弟子として私たちのもとに来ましたが、その謙虚で優しい人柄は、音楽家としての立派な技倆《ぎりょう》とよく結びついていまして、リースヒエン*ばかりでなく、ゼバスティアンやわたくしの心もとらえたのです。彼はもう娘と結婚しないうちから、私たちの息子でした。

*エリーザベットの愛称。

クリストフがわが家にあって、音楽ばかりでなく、それ以上のものを感じていることに、すぐとわたくしは気づきました。リースヒェンの恥かしそうに頬《ほお》をあからめる、処女《おとめ》らしい控え目な態度に、わたくしは幾たびかふと何年か昔、ゼバスティアンの足音が戸口に聞えるたびに、われとわが頬の血、胸の血潮《ちしお》をときめかせた頃のことを、思い出させられました。けれども、何年たってもわたくしは、今でもゼバスティアンがちょっと留守《るす》をして再び彼の足音が、数知れぬ多勢の者の中でも聞き馴れて知った彼の足音が、戸口に聞えたとしたら、決してわたくしの胸は平静を持していようとは申し上げられません。とはいえ、こうした遠出の不在は、ありがたいことに、いたって稀《まれ》でしたから、わたくしのあわれな胸は、そうたびたび度外《どはず》れたときめきをしなくともすんだのです。

クリストフが結婚を申込んだとき、リースヒェンは、わたくしが花嫁になった時より、二つしか年かさではありませんでした。「よろしい」とゼバスティアンは彼に答えました。「喜んでわしは同意しよう。わしの妻も同じだ。それは聞かなくともわかっている。われわれは喜んで娘を君の愛情と心遣いに委《ゆだ》ねよう」。

クリストフは頭《こうべ》を垂れてゼバスティアンの前に立っていましたが、幸福に感激した涙がみるまに彼の眼から溢《あふ》れ落ちました。「先生、どうかわたくしに、先生の息子となる祝福をお与え下さい。わたくしが彼女を幸福にし、彼女にふさわしい人間となりますために」、と彼はお願いしたのです。やがて彼が許嫁《いいなずけ》に逢いに出て行ってしまうと、わたくしはゼバスティアンの腕にすがりついて、頼もしい彼の胸で泣きました。「わたくし、あなたがプロポーズなさった日のことを思い出さずにはいられませんわ！」とわたくしは囁《ささや》きました。「そりゃ、そんなに不幸せな日だったかね、マグダレーナ」と彼は答えると、やさしい、からかうような微笑を浮べながら、わたくしの顔をもち上げました。この質問にどうしてわたくしの答える必要がありましょう。わたくしたちは幸福な思い出に浸り、純粋な愛に包まれながら、娘の幸福をわが幸福として、じっとそこに佇《たたず》んでいるのでした。

さて、楽しい婚礼の支度《したく》で、数ヵ月が経っていきました。婚礼は一七四九年の一月二十日でございます。リースヒェンとわたくしは嫁入支度に忙しく、ゼバスティアンはゼバスティアンでその間に、新しい息子のために、美しい結婚プレゼントを用意しました。それは彼にナウムブルクのオルガニストの地位を世話してやることだったのです。ゼバスティアンは自分の意図をクリストフには一言も言いませんで、こっそりナウムブルクの市会に書を送りました。同市はこれまですでに幾たびもオルガンの修理を要するとき、彼の意見を乞うていたところでした。そこで彼は、自分の今までの愛弟子《まなでし》の一人が、すでにしばらくニーダーヴィーザでオルガンの世話をしていたこともあり、オルガンの演奏も管理の技術も共に完全に意のままに出来る熟練の士なのだが、この人間の就職を一つ世話して貰《もら》えまいか、と依頼したわけです。アルトニコルは、それぱかりか、作曲も歌もヴァイオリン演奏も、特別上手なのです。ゼバスティアンの願いはこれまた直《ただ》ちに実現しました。アルトニコルは地位を得たのです。そこでゼバスティアンはこの嬉しい知らせを自ら彼に伝えると、すこぶる大満悦のていでした。

婚礼の前の晩には、わたくしたちはささやかな家庭音楽会を開き、そこでゼバスティアンの春のカンタータを演《や》りました。このカンタータは彼がずっと以前ケーテンで、ある婚礼のために書いたものでしたが、ゼバスティアンのカンタータの中ではとりわけわたくしの好きなもので、とてもみずみずしく、若々しい美しさに溢れていました。おめでたい二人は、互いに夫となり妻となるべき日のこの前夜に、仲よく並んで坐りました。リースヒェンはとても綺麗で、薔薇《ばら》色に頰を染め、クリストフは落着いて満足そうでした。ゼバスティアンはクラヴィーアの伴奏をしながら自作の曲を指揮し、全般の監督を一手に引受けました。二人がうたいますと、みんながにこにこしながらこの二人を見つめました。けれど、ゼバスティアンとわたくしも、やっぱりお互いに眼と眼を見交わせているのでした。

それからさらにわたくしたちは、ゼバスティアンの提案で、可愛い歌もうたいました。

やさしいエスさま、恵みのエスさま、

神のみむねを成しとげ給《たま》いぬ。

家族全部が集まって、清らかな楽しい音楽、彼の心から湧《わ》き出た、この世ならぬ神々《こうごう》しい音楽を奏でるこの花嫁祭り、それは翌日の婚礼がどんな幸福で喜びにあふれたものだったにしても、そのあらゆる歓楽よりも、わたくしの思い出のなかにいっそうおめでたい婚礼らしく残っております。それからわたくしたちは、愛するわが子に唇《くち》づけし、クリストフは新妻を連れて、雪の中をナウムブルクへ発《た》っていきました。この地でまだクリスマスを迎えないうちに、神さまは二人に男の子を恵んでくださり、申し上げるまでもないことですけれど、二人はこの子にヨハン・ゼバスティアンという名をつけました。エマヌエルもやはり、ちょうど一年前にベルリンで生れた次男にこの同じ名前をつけているのでございます。

こうしてゼバスティアンとわたくしは祖父母となりましたのですが、わたくしにはどうしても本当とは思えないのでございました。と申しますのも、わたくしには自分の花嫁時代と結婚が、あまり鮮かに眼の前にあって、この幸福な時以外の年月が、すっかり影が薄くなっているからでございましょう。この娘の初めての結婚——そして二度目は幸いにしてゼバスティアンもわたくしも経験することはありますまい——はとにかくその一七四九年という年に、わたくしを完全に一七二二年と二三年の時代へ連れ戻してしまい、よく鏡に顔を映して

エリーアス・G・ハウスマン作の肖像画（1746）のハウスマン自身による複製（1748）。手に持つのは６声の謎カノン（BWV1076）

（ウィリアム・H.シャイド図書館蔵）

──『ニューグローヴ世界音楽大事典』より──

見ては、あの時代の面影を偲《しの》んだりする有様でした。けれども、どんなにこうして大熱《あつ》あつで、争えない歳を欺《だま》す真似《まね》をしようがしまいが、顔がお婆さんになったということは、愛情がそうなることに比べれば、ずっとましでございます。そのくせ、ゼバスティアンの顔はどんなに穴のあくほど見つめても、ハンブルクの聖カタリーナ教会で初めて彼を見たとき以来、当然起ってもよいはずの変化がちっとも目につかないのです。

ですから、彼の愛すべき表情にも自然に時の皺《しわ》が刻みこまれていることをはっきり見わけるには、わざわざことさらに比較してみなければなりませんでした。リースヒェンの結婚した年には、彼は六十四歳でした。その顔は、不思議な微笑に綻《ほころ》びる時のほかは、平和な中にもむしろ厳格な表情をしていまして、彼がどんなにやさしい人か知らない者はかえって恐れをなすくらいでした。彼の顔の線は深く鋭く、口はなおその上に固く結ばれて、あたりを払うような気むずかしいところがあり、深い線が顎《あご》に掘り下げられ、太い眉の間の威嚇《いかく》するような相もいっそうこれを鋭いものにしていました。けれども、この眉間《みけん》の皺を刻んだのは、怒りのせいというよりは、むしろよくものを見ようとする努力のさせた業《わざ》なので、彼は若い頃からあまり眼を酷使しすぎた上に、一生のあいだ総譜を見るので眼を疲らせてしまったあげく、晩年にいたって物を見るには、ますます骨を折るようになってしまったのでございます。わたくしがゼバスティアンを知った頃の美しいぱっちりしたまなざしはもはや消え失せ、今では、外界の対象をよく見わけるために、しょぼしょぼした瞼《まぶた》の下から小さく鋭い眼を光らせておりました。

この頃にゼバスティアンを知ったよその方は、この外見からしてきっとたいへん生真面目《きまじめ》で厳格で、ある意味では随分怖《こわ》そうな人だという印象を受けなさったことと思います。でもそれはほんのちょっとのあいだ、ゼバスティアンが入ってきた客をじろじろ見る時だけのことでした。その時は、どっしり重い首を前に傾《かし》げて、ちょっとどぎまぎまごついて、少し硬くなった表情を浮べながら、刺すようなまなざしを相手の上に滑《すべ》らせるのですが――にここ話しはじめれば、とたんに親切で打ち解けて真心こもった人柄がすっかりさらけ出てくるのです。それでこそ私たち一家全体が大磐石《だいばんじゃく》のように安泰《あんたい》なのですし、これでこそどんな知らぬ人にでも、なぜ妻も子も弟子たちも、みな彼に心服《しんぷく》しているのかがわかったのでございます。

事実彼は、自分の心、愛情にみち敬虔《けいけん》な信仰心を抱いた胸のうちを私たちにのぞかせてくれ、のみならず、その胸を叩《たた》かせてくれました。とはいえ、彼がすべての世界にこの胸襟《きょうきん》を開いたわけではありません。ですから、多くの人たちが彼に好意をもたず、彼について敢《あ》えて根も葉もないよからぬことを言ったり書いたりしたのももちろんのことでした。ライプツィヒでは多くの人物の嫉妬《しっと》やいろんないざこざ、論争、書きものなどでさんざん頭を悩まさねばなりませんでした。シャイベ*さまが明らさまに出たらめな主張をひろめた時にも、さすがにひどく腹を立てはしましたものの、自分では音楽を離れるだけの時間も興味もないので、友人のビルンバウム学士に回答の公開状を発表することを依頼したくらいでして、平素はほとんどそうしたことを気にとめない人でありました。自分のことで何を書かれようが、そんなことには全く馬耳東風《ばじとうふう》でして、マッテソン氏が「優秀楽長《カントル》・作曲家・音楽学者・演奏家諸氏の生涯・作品・功績等を記載する凱旋門《がいせんもん》の基礎」というタイトルを付した音楽事典のために彼の詳細な伝記を得ようとした時も、それを自分から送るということをやめてしまいました。わたくしは正直なところ、この事典に彼の生涯が書かれるのをたいへん見たくておりましたので、このゼバスティアンの拒否的な態度には、少しばかり失望したのでした。

　けれども、晩年にはますます彼は自分のなか、家のなかに閉じこもってしまいました——おそらく彼は、もっともっと音楽を書かねばならぬ、だから、少しでも余計《よけい》長生きさせねばならぬ、と感じていたのでございましょう。「ねえ、おまえ」とあるときわたくしに申しました。「老バッハはね」——トマス学校の生徒たちは、彼のことをこう呼んでいたのでござい

＊一七〇八〜七六　デンマークの宮廷楽長、かつてライプツィヒ、トマス教会オルガニスト候補としてバッハの審査を受け、落第し、これを恨んで後にバッハを攻撃した。

ます――「音楽を書く残りの月日も、あともう長いことはないんだから、うるさい世間のことなんかで時間をつぶすわけにはいかないよ」。

　ですから、ミッツラーの音楽学協会に入会することさえしばらくは辞退していたほどで、これにはまた、会員になれば、自分の肖像を油絵で描かせて、その絵を協会に贈呈しなければならないという理由もあったと思います。けれども、しまいには彼もミッツラーの説得に譲歩《じょうほ》して、肖像を描かせ――それはたいへんよい絵になりましたが――さらに『高き空より』*の六声三部カノンと変奏曲を書いて銅版に刻ませ、これらすべてを協会に贈りました。**

　協会の創立者ロレンツ・ミッツラーはしばらくゼバスティアンの弟子だった人で、そのライプツィヒを去る少し前に、ある公開論文の中で「高名なるバッハよ、貴下の教示によりて余《よ》は音楽の実際に大いなる収穫を得たれども、これをさらになお受け得ざることを深く遺憾《いかん》とす」と申しております。ミッツラーは多くの点で非常に練達の人でしたけれども、ゼバスティアンはこの人をたいして買っておりませんでした。というのは、彼があまり見栄坊《みえぼう》で己《うぬ》

＊現行の『讃美歌』(日本基督教団出版局発行)第一〇一番(聖子降臨、ルカ二・一〇)。一五三五年ルッターの作といわれる。

＊＊これは一七四七年六月のことで、シュピッタによれば、銅版はこれ以前に刻まれている。

惚《ぼれ》が強すぎたからです。「なかなか頭はいいんだが、薄っぺらな才子だ」というのがゼバスティアンの批評でした。たぶんこの点も、音楽学協会の会員になることを長いこと渋っていた一つの理由でございましょう。

ゼバスティアンは音楽上の必要な学問もちゃんとものにしていました。それは生涯にわたる、辛抱《しんぼう》強い、決してやめることのない研鑽《けんさん》によって得られたものなのです。彼は自分の手がける曲ならどんなものにでも、自分の精神を豊富に盛りこみ、またどんなとるに足りない作曲家の作品からでも学ぶことを忘れませんでした。彼にとっては、他の人の作ったものを見たり聴いたりすることは、常に楽しみでありました。どんな若い音楽家でも、彼から常にきびしく直されることはあっても、決して頭からはねつけたり、短気を起したりされる心配はなかったのです。彼はよく初歩の人々のために、簡単なクラヴィーア曲をつくることを頼まれましたが、いつでも同じように親しい調子で「どんなものができるか、やってみましょう」と答えるのでした。そういう時は普通ごくやさしい主題を選ぶのでしたが、さて手をつけだしてみると、たちまちあれやこれやいろんなイデーが頭に湧き立ってきまして、見るまにその曲はやさしいものではなくなってしまうのでした。自分でそれに気づくと、いつも口癖のように、半分は親切気、半分は冗談《じょうだん》気で、「勤勉に練習さえすれば、どんなにやさしいか、すぐわかるよ」と申したのでございます。

この頃、ゼバスティアンの名声は頂点に達しておりました。彼はもう旅行は致しませんでしたが、あらゆる種類の音楽家があらゆる国からやって来て、彼の門を叩《たた》きました。彼はそうした人たちに心から関心をよせて歓迎し、いささかでもお役に立ちたい、お気に召すならありがたい、という願いをもっておりました。

エマヌエルはベルリンのプロイセン王にお仕えしていましたので、ご自身深く音楽に傾倒しておられた王は、お抱《かか》えのピアニストたるエマヌエルに向かって、名声嘖々《さくさく》たるその父ライプツィヒの楽長に逢って、その演奏を聴きたい、というご希望を洩《も》らされました。エマヌエルは、この尊いご希望を父親に伝えましたので、父はこの王様が自分をお認め下さったことをありがたくお受けしましたけれども、ベルリンまでわざわざ旅行して、しち面倒《めんどうくさ》い公式の礼儀作法に煩《わずら》わされることがどうも気が進まないでおりました。

けれども、そのうちに王様はますますたってのご所望《しょもう》で、矢の催促《さいそく》をなさいますものですから、いよいよどうしても出かけなければならないことは明らかとなりました。そこで彼はある日、とうとう出発いたしまして、途中ハレをよぎってフリーデマンに逢い、日曜の夕方ポツダムに着いて、エマヌエルの住居に入りました。そこに着いて、疲れと旅塵《りょじん》を払う間もなく、直《ただ》ちに王様の御前に伺候《しこう》するようご命令がありまして、彼は旅の衣を黒の楽長服に着かえる暇さえありませんでした。平生《へいぜい》からたいへん気短かな気質であられた王様は、もう待ちくたびれた末のことでしたので、半刻のご猶予《ゆうよ》もならない有様でした。

お城ではちょうどいつもの音楽会がはじまろうとするところで、王様はすでにフルートをお手にとり、オーケストラは王様の合図を待っておりましたが、そのおりもおり、陛下に参《さん》内者名簿《だいしゃ》が奉呈《ほうてい》されたのでございます。陛下はこれに目をお通しになり、少し昂奮《こうふん》なさった声で、「諸君、老バッハがやって来たよ！」とおっしゃいまして、さっそく人を彼のところへお差遣《さしつかわし》になりました。旅のために疲れて、かなり昂奮していましたゼバスティアンは、このようなわけで、ほとんど旅行馬車からそのままきらびやかな控えの間へ、そして綺羅星《きらぼし》のような夜会へと通り、王の御前に伺候しました。

あとで彼は、その宮殿全体がどんなに豊麗《ほうれい》な金色燦爛《さんらん》たるものだったかをわたくしに話してくれましたが、音楽会場は大きな鏡や彫刻で飾られ、あるものは金、あるものはすばらしい緑の漆《うるし》で仕上げてあり、陛下の譜面台は鼈甲《べっこう》の出来で、おどろくほど精巧な銀の象嵌《ぞうがん》が豊富に施されていました。その音楽堂には立派なチェムバロもあって、これのペダルや縁《ふち》どりも銀で出来ており、いろいろな楽器のケースがやはり、王の譜面台と同じように、高価な材料を使って出来ておりました。ゼバスティアンは疎略《そりゃく》な服装でまかり出たことのお許しを願いました――宮廷の男女たちがもう幾人か笑いをおさえることができない様子を見せていたのでございます。

けれども王様は、エマヌエルから聞きましたところでは、直ちに青い眼をきらりと光らせて、この人たちをご制止になり、人一倍丁重《ていちょう》にゼバスティアンを遇されたとのことです。王様は、ご自身が音楽家でいらっしゃいました。ですから、ゼバスティアンの偉さもよくわかっておいでで、彼の上衣がひどく流行遅れなことなどは、眼もくれないでいてくださったのです。

その夜の王様のフルート協奏曲はもうやめにして、王様はただの聴き手の役に廻られました。王様はお城のなかの部屋という部屋を案内してまわられ、ジルバーマンのつくった七台のピアノフォルテをゼバスティアンに見せてくださって、これらの楽器を演奏して王と宮廷を喜ばせてくれるようにと、ご所望になりました。そこで、ゼバスティアンは腰をおろしてはその演奏を致しましたので、まるで二人の王様がお城にいるかのような観であったとのことでございます。

ゼバスティアンはジルバーマンのピアノフォルテをすっかりみな試奏してしまいますと、即興で王様になにか演奏しておきかせしたいと存じますから、フーガのテーマを一つお与えくださいとお願い申し上げました。陛下が主題《テーマ》をくださると、ゼバスティアンはそれを即席にまとめ上げて、真似《まね》のできぬほどいきいきとした厳密な方法で弾《ひ》いてのけ、すっかり王様の舌を巻かせたのでございました。

した。その夜再び彼はポツダムに召し出され、王様は一つの主題をどれほどまで多声《ポリフォニー》に取扱うことができるものか見たいからといって、六声のフーガをご所望になりました。ゼバスティアンも今度は何でもがそうした完全な仕上げに適するというわけにはいかないので、自分から主題を選んで、お耳に入れました。このフーガに、王様はすっかり心を奪われて、たいへんな感心のされかたで、幾たびも夢中になられては、「さすがにバッハだ！　さすがにバッハだ！」と連発なさったそうでございます。

この楽しいポツダム訪問の後、ゼバスティアンはベルリンへ行きました。そこで彼は新築のオペラハウスを視察し、その際彼が、経験からでなく直観的に、独特な建築学上の関係を確定してみせたことは、すでに申し上げました通りです。

帰って参りますと——王様から賜わった熱狂的な讃辞のことを彼が話してくれましたとき、どんなにわたくしは誇らしく思ったことでございましょう——さっそく彼は王様から与えられたフーガの主題を、三声と六声のフーガにつくりかえる仕事にとりかかり、彫琢推敲《ちょうたくすいこう》を重ねておりましたが、——それは八つの輪唱曲《カノン》に変えられ、同時に第五音の反対主題をもったカノン風のフーガと四楽章のソナタ、一声の連続低音上に永続する二声のカノンが書かれたのですが——いずれもみな多かれ少なかれ王様の主題に手を加えたものでした。この作品を彼は献上音楽と名づけて、それをちょっとした気のきいた思いつきで飾るのに、多大の時間と楽しみをかけました。そこで彼は第四のカノンに次のような言葉を書いております。「Notulis crescentibus crescat fortuna Regis」これは彼の申しますには、「本楽譜が価値をいや増すごとく、王の幸福もまた弥栄《いや》えまさんことを」という意味だそうでございます。第五のカノンには、「Ascendenteque Modulation ascendat Gloria Regis――すなわち、変調のいや高まるごとく、王の名声もまたいよいよ隆昌《りゅうしょう》ならんことを」と書いております。この作品を彼は銅板に刻ませ、献詞《けんし》を添えてフリードリヒ王様に奉納致しました。

その献詞を以下に続けてご披露《ひろう》致しましょう。

イトモ畏《カシコ》キ至仁《シジン》ナル陛下ヨ、

ココニ恭《ウヤウヤ》シク献上音楽ヲ捧ゲ奉《タテマツ》ル。本曲ノ至高《シコウ》ナル条《クダリ》ハ陛下ノ至尊《シソン》ナル御手《オンテ》ズカラニ由来セルモノ也。先頃、臣ポツダム伺候ノミギリ、陛下ハ畏《オソ》レ多クモ御自《ミズカ》ラ遁走曲ノ一主題ヲバクラヴィーアニテ咫尺《シセキ》ノ間ニ演奏シ給《タマ》イ、カツハ之ヲ直《タダ》チニ尊キ御前ニオイテ一曲ニ奏スルノ大命《タイメイ》ヲ臣ニ仰《オオ》セツケラレ給ウ。コノ辱《カタジ》ケナクモ身ニ余ル御仁慈ヲバ、今ナオ臣恐懼《キョウク》感激シテ追想シ奉ル。大命ヲ拝スルハモトヨリ臣ノ本懐《ホンカイ》トスルトコロナレドモ、事ニ準備ヲ欠キ、秀抜《シュウバツ》類《タグ》イナキ至尊《シソン》ノ御主題ニ錦上華《キンジョウハナ》ヲ添ウルヲ得ザリシハ、臣ノ直チニ認メテ慚愧《ザンキ》ニ耐エザルトコロ也。コノ故ニ、臣ハ一念発起《ホッキ》シテ、至尊ノ御主題ヲバ金甌《キンオウ》無欠ノモノタラシメ、カクテ世ニ知ラシムルノ責ヲ果シ奉ラズンバアラズ。本企図《キト》今ヤ成リテ、ナオ臣ガ力足ラザルヲ憂ウルモ、ソハ一ニ、事ハ一介ノ芸術《タクミ》ノコトニスギザルト雖《イエド》モ、只管《ヒタスラ》タダ帝王ノ栄誉ヲ讃《タタ》エ奉ルノ一念ニホカナラザル也。抑《ソモソ》モ帝王ノ英邁《エイマイ》強大ナルハ和戦相《アイ》共ニ然《シカ》ルノミナラズ、マタ就中《ナカンズク》音楽ニオイテ万人ノ尊崇敬慕シ奉ルトコロ也。最後ニ冀《コイネガワ》クハコノ拙《ツタナ》キ作ヲバメデタク御嘉納《カノウ》アラセラレ、未来永劫《エイゴウ》イヤ更ニ至尊ノ御仁慈ヲ垂レタマワンコトヲ、ココニ恭《ウヤウヤ》シク伏シテ懇願シ奉ルコト、依而《ヨッテ》件《クダン》ノ如《ゴト》シ。恐惶謹言《キョウコウキンゲン》。

陛下ノ恭順《キョウジュン》ナル臣下ナル　作者

一七四七年七月七日　於ライプツィヒ

この献上音楽の第一部——それはいちどきに完成されたわけではありませんでしたので——はプロイセン王様への献上書としてたいへん見事《みごと》に厚紙に翻刻《ほんこく》され、革の装丁で金ぴかな飾りの豊富についた立派なものでございました。この王様からいただいた主題を作曲し、さらに発展させるという仕事は、終始ゼバスティアンにとって非常な喜びでありました。特に立派なフルート奏者であらせられる王様に対するひとしおの尊敬のしるしとして、カノン様式のフーガはフルートとクラヴィーアのために書かれており、ソナタと最後のカノンはフルートとヴァイオリンとクラヴィーアのためにつくられております。最初のフーガ二曲はクラヴィーアだけのために、他の曲の若干《じゃっかん》は絃楽器のために書かれてありました。この献上音楽はたいへん味のある美しい作品で、ゼバスティアンのような音楽家が、これまた立派な音楽家でもある王様にさしあげるのにふさわしいものでございました。

この作品に続くものとして、おそらくこれによって刺戟《しげき》されたためでございましょうか、ゼバスティアンはフーガの特別な大家として、その音楽生活の輝かしい王冠でもある、比類のない『フーガの技法』を書きました。それはもうわたくしごときのとやかくあげつらい説明などすることの許されない、深い学問的業績でございます。

けれども、わたくしはゼバスティアンが友人とこの作品について話しておりますとき、よく傾聴しておりましたので、これの意義と価値はよく承知しております。この作の礼讃《らいさん》者の一人はあるとき「実際に有益な卓越した作品だ」と言い、また他の一人は、「この『フーガの技法』という作品は、現代の一般には高級すぎるものだ」と申しました。この『フーガの技法』は、ゼバスティアンが音楽の形式で書いたあらゆる作品の中でも最もすばらしいものですが、そこに書かれている天才と霊感と知識と能力の渾然《こんぜん》たる強大な蘊蓄《うんちく》は、よほど練達の音楽家でなければ、すべてを見抜くことのできないほどのもので、事実この作品はそれほどに学問的なものなのでございます。

この作品の基調と気分は、厳粛な、宗教的なものです。ゼバスティアンは一生の間そうであったのですが、死に近づくにつれて、ますますこの深い地金は彼の人柄にはっきり現われてきました。よく彼はルッターの言葉をひいて「音楽はこよなき慰めなり。そは心を爽快《そうかい》にし、平和に憩《いこ》わしむ」と申しておりましたが、彼ほどにこの言葉の真理であることを実証し、また自ら深く感じていた人もありますまい。

彼は死の近づくのを聞きつけながら、なお『フーガの技法』の仕事に従っておりました。彼がこの世のあらゆる仕事から免れて天に召されました時には、すでにこの大部分が彼の監督下で銅版に刻まれておりました。銅版の仕事は彼がいなくても完成されましたが、編者のうっかりした不注意や怠慢《たいまん》のために、不完全なものも出来ました。『フーガの技法』とは縁もゆかりもない、たいへん長くて未完成の優秀なフーガがその一例ですが、それもゼバスティアンが亡くなって自ら完成できなかったばっかりに起ったことです。このフーガは特別不思議な魅力をもっており、またゼバスティアンの名字バッハ Bach の四文字が、譜として弾いてみて一つのメロディーを生むことを発見しているだけに、なおさら面白いのでございます。――私たちがみなこのことを発見しましても、ただこのメロディーの名前を冠した人が音楽において何を意味していたかということを考えるばかりでございましょう。この音符のメロディーを、彼はこのフーガの三つの主題の最後のところで利用しておりますが、このすばらしい仕事を完成するだけの時間はもはや彼に与えられなかったのでございます。幾世紀にもわたって音楽と結ばれ、ゼバスティアンにいたって大輪の花をひらいた、このバッハという名前の文字に、対位法的な曲を付することに興味をもって、ゼバスティアンはこのフーガを書いたのでしたが、それはまた、彼がこれまで全力を尽して愛してきたこの芸術に対する最後の貢献《こうけん》でもあったのでした。これが彼の最後の作品でありました。

ただこのほかに一つ、当然のこととして、彼の最愛の楽器であったオルガンのために書かれた作品があってもよいわけです。このオルガンでこそ彼は常に己《おの》れの心底からの宗教的な本質を表現していたのですし、オルガンにおいてこそ彼のいっさいの特質は最高度に発揮《はっき》されていたのでございますから。わたくしは虔《つつ》ましい、しかし断固たる確信をもって申しますけれど、彼を他のあらゆる音楽家から遠く隔てている、いっさいの特質は、まったく特別な方法で神の栄光のみしるしを捺《お》されている人間であるところにあるのでございます。

彼は全生涯にわたり、並みはずれた厳格さと強固な意志をもって、音楽の仕事を貫きました。音楽に全生活を捧げ、寸秒の間も、また寸毫《すんごう》の体力、精神力も、惜しみなく献げつくして、それはついに彼の眼の光をつかいはたすまで続きました。少年の頃から、彼は自分の胸中に湧く霊感をたえず書きまくることで、眼を甚しく酷使しました。それは、同時代の人びとの作品を無数の紙上に書き写すという労働は、ぜんぜん別にしてのことでございます。

彼はしばしば眼に痛みを覚えながらも、夜遅くまで蠟燭《ろうそく》の光で仕事をしました。こうした仕事で、わたくしは筆写の手伝いをしたり、また子供たちやお弟子たちにもたえず手伝わせたりして、出来るだけ彼の負担を軽くするようにつとめました。けれども、彼の頭から生れる音楽を彼のかわりに書くことはもちろんできません。そこで、彼の眼はますます弱くなり、部屋の出入りにも、手探りで戸をさがしたり、席につく前にも椅子《いす》を触《さわ》ってみたりしているのを見ますと、わたくしの胸は痛むのでした。書こうと思うときには、ますますよけい蠟燭を求めるようになりましたが、それは、外の光を大きくすることが、それだけ彼の視力の一段と悪化しつつあるのを、裏書きしているように思われたからです。

あるときわたくしが、もうやめたらと思って、彼の肩に手をおきますと、「マグダレーナ、わしは眼の見えるかぎり、書かねばならんのだ」と彼は答えながら、細い眼をしばたたかせて、わたくしの方を見上げるのでした。自分では決して口にしなくても、盲目になるということが、彼には死ぬより辛いのだということがよくわかりました。ですから、わたくしは、彼のそばに行くと、泣きながら彼の代りにわたくしを盲目にしてください、わたくしは彼のように音楽を書かなくともよいのですから、と願うほかにはどうしようもないのでした。

やがて、この禍《わざわ》いに希望の光がさしこんできました。ある有名なイギリスの外科医がライプツィヒにやってきたのです。そのお医者さまは本国でゼバスティアンと同じような人びとに手術をして、見事成功したという評判の、ジョン・テーラー＊さまという方でした。私どもの友人たちは、この機を逃さず、この医師を信頼して、ゼバスティアンの眼を元通り使えるように治療するよう、しきりに勧めました。ゼバスティアン自身は躊躇《ちゅうちょ》しました。たくさん費用がかかることを恐れるのと、またかえって悪い結果になりはしないかという心配もありました。みんながよってたかって勧めるのでしたが、ただわたくしだけは、勧めませんでした。それをよかったと思っておりますが、この場合は、彼の決心一つだ、とわたくしは思ったのでございます。かけがえのない神さまの賜物《たまもの》である両眼を、事もあろうに、手術するという言葉がわたくしには不安でございました。けれども友人たちは、テーラーさまがライプツィヒに見えたのは、ゼバスティアンにとって千載一遇《せんざいいちぐう》の好機ではないか、と口を酸《す》っぱくして説ききかせる有様でした。そこでとうとうゼバスティアンも、このたっての勧めに兜《かぶと》を脱いで、親切な勧告に従うことにしました。この高名な医師も、満足な結果が得られるだろう、と彼に約束してくれました。

ある日のこと、いよいよテーラーさまは器械をもってやっておいでになり、ゼバスティア

＊一七〇三～七二　ジョージ二世の眼科医。

ンの眼に手術を施しました。ゼバスティアンは一言も口をききませんでしたが、彼がしっかり組合せている両の手の節々が目に見えて青ざめてくるので、わたくしは胸がねじで締めつけられるような思いでございました。それから眼帯がかけられました。しばらくたってから、またそれをはずしてみますと、よく見えるようになるどころか、かえって前よりも悪くなっていました。テーラーは、もう一度手術が必要だ、と主張しましたが、これがまたゼバスティアンのたいへんな憂目《うきめ》にあう結果となり、とうとう、それまではまだいくらか見えることは見えた彼が、今や完全に盲目となってしまったのでございます。ああ、神さま、あの時の悲歎をわたくしは今でもいたく感じます。

けれども、ゼバスティアンは、恐れていたことが事実となって現われたいま、痛々しいほどよくこらえておりました。わたくしは彼のように落着いてはいられず、彼のベッドのわきに膝をついて泣き崩れてしまいました。けれども、彼はわたくしの頭に手をのせて、申しました。「わしらが苦難と戦わねばならないからといって、決して悲しんじゃいけない。それは、われわれに代ってすべての苦しみを引受けて下さる主のみもとに、われわれを近づけてくれることとなのだからな」。しばらくして彼はわたくしに、タウラーの説教集の、第二説教主顕節の項を読んできかせてくれ、と頼みました。彼はわたくしたち二人の慰めのために、もう一度それが聞きたかったのです。「わが眼のわが顔に存在するのは、天にましますわれらの父なる神が、永遠の昔より予見したもうたところである。もしその眼、われより失われ、われ盲目となり、また聾《ろう》唖《あ》となるとも、これまた天にましますわれらの父の、永遠の昔より予見したまえるところである。神意は永劫《えいごう》の太初《たいしょ》よりそれをかく定めたもうたのだ。かくてこそ、今われとわが心眼《しんがん》と心耳《しんじ》とをひらき、神の永遠の意志のわれにおいて実現せるを、神に感謝すべきではなかろうか。いかでかわれこれを悲しむを得ん。いかなる喪失も起らば起れ。友を失い、財産を失い、名声もまた失うがよい。それによりてこそ常に、神はわれわれを想起したもうのである。神の訪れを準備し、神を助けて真の平和に至るためにこそ、いっさいは役立たねばならない」。

その上に、ゼバスティアンは自分の眼を失ったこと以上の苦痛をなめました。彼は強力な作用のある薬剤と放血の治療を受けたのです。おそらくそれらのものはみな必要であったのでありましょうが、そのせいで彼の強い健康は著しく損《そこな》われ、ために余命《よめい》幾ばくもない月日を、彼は二度と再びいささかの快適な状態をも味わうことなく終ったのでございます。

しかし、この最後の時期にいたって、ある深いおおらかな明るさが、彼の上にあらわれました。死というものは彼には、少しも怖ろしいものはなく、むしろ生涯にわたってたえずあこがれていた希望でありました。死は常に彼にとって、あらゆる人生の真の完成であるように思われたのでございます。彼の音楽にも、この魂の情調はよくあらわれていました。死と、この世からの別離という観念が、彼のカンタータに表現されるときほど、彼のメロディーが美しくまた情熱的になったことはありません。天賦《てんぷ》をもたない人間には、このことは理解できませんし、どうして日常の生活、現世の活動が、こういう精神的人間には、いっさいの束縛《そくばく》としか思われざるをえないかがわかりません。わたくしも、ゼバスティアンがまだ生きているうちに、彼の憧憬《しょうけい》がこれほど強いものだとは感じませんでした。そんなことは、彼が少しも口にしなかったからです。私たちは本当にお互いに幸福でありましたし、彼は常によく働き、力いっぱい仕事をしました。けれども彼には、人生の最大の希望は、いつかはこの世を去ることができ、彼の畏《かし》こみて愛しまつる救い主のもとへ行くことなのだ、ということを意識するひとときがしばしばあったことを、わたくしは知っているのでございます。

ゼバスティアンのこの死への憧憬は、若い頃のわたくしを時々驚かせ、また悲しませました。そのくせ、それはどうしたら取り除くことができるだろうか、果して取り除くことが出来るだろうか、などとくよくよ考えることは少しもなかったのです。ところが、彼が世を去って、ありし日の彼の人柄、気質、言葉などを、こうしてよくあれこれと思い見るようになり、いつも過ぎ去った時代にばかり自分の心を向きあわせるようになってからというもの、死が彼にとっては、いっそう高い自由な世界への解放を意味していたのだということが、だんだんわかるようになってきたのでございます。おそらく、この地上において完全には発揮《はっき》することのできなかった彼の力が、主の前庭の天の広場では、一段と力強く演奏することができるのでございましょう。

彼自身も、ノイマイスター*の次のようなことばを、あるカンタータの基礎にしております。

「われ歓迎のことば語らん」。

それからまた今一つ別のカンタータでは、

いざ、待ち望みたる時を告げよ

という歌詞のために、何という甘美なしみじみとしたメロディーをつくり出していることでしょう。

さらにはすばらしいカンタータの一つが、

愛する神よ、われいつの日に死すや

＊一六七一～一七五六　ハンブルク聖ヤコービ教会牧師、神学者、詩人で、作詞によるカンタータの改革に貢献。

で始まる憧憬にみちみちたものでございます。言葉はゼバスティアンのものではありません、ただ音楽だけが彼から生れたものです。しかし音楽の中にこそ、彼は己れの胸に秘められた最も深いものを表現しております。

おお、あなた、偉大なわが夫《つま》よ！　あなたは天国の主のみまえで、あなたの音楽を奏でるために、今ははや旅立たれました。

でも、この世の生活の最後の幾月かも、いえ、盲目の闇に閉ざされてからでさえ、ゼバスティアンは音楽の中に働くことをやめませんでした。彼の以前の弟子、今では義理の息子であるクリストフ・アルトニコルと、当時わが家に暮していた若い新弟子のヨハン・ゴットフリート・ミューテル*とが、そういう時は彼の手助けをするのでした。

彼は弱ってはおりましたけれど、生涯決して無為《むい》に過したことがなかったように、ここにいたっても何もしないではいられませんでした。彼に残されたわずかな時の間のかたときも、無駄にはしなかったのでございます。十八の大きなオルガンコラールを校閲するという仕事の最中に、彼の最後の力も失われていきました。――あの日々の七月の暑さに、彼はすっかり疲労しきって、苦痛と衰弱のために、もはや彼は床から、死の床から、起き上ること

＊一七二〇～九〇　「リガのミューテル」とよばれる。すぐれたピアニスト、作曲家になった。

がでぎませんでした。あの最後の数日、あの最後の刻一刻を、わたくしは何から何まではっきり、眼《ま》のあたり思い出すことができます。彼は二、三日前からたいへん苦しみまして、わたくしは三晩彼のベッドにつききりで看護致しました。「こんなあらゆる苦しみを、闇の中で忍ばねばならないなんて、彼の思いはどんなだろう。眼の見えるこのわたくしたちには、それがどんなものだか、とても思いもよらないことだ！」。そんな思いが、みとっているわたくしの脳裡《のうり》を、しょっちゅうかけめぐっておりました。

やがて神さまのご慈悲によって、わずかながら小康《しょうこう》の時が恵まれました。わしは眠れるから、おまえも行ってお休み、と彼は申しました。そう言いながらも、彼は左の手でわたくしの顔の上を探りながら、申すのでした。「おまえがどんなに疲れているか、わしにはわかるよ！　わしのためだと思って、あっちで眠っておくれ！」。

そこでわたくしは、ちょっとの間、彼のもとを離れて、隣りの部屋で横になりました。私たちの愛する婿《むこ》クリストフが（この時にはフリーデマンもエマヌエルも、家におりませんでした）そのあいだ彼のそばで看護する、と言ってくれました。あとで彼が話してくれたのですが、それからのちたぶん一時間ばかり、ゼバスティアンはじっと静かに横になっていたでしょうか、ですから、彼は眠っているのだとばかり思っていました。するといきなりゼバスティアンが、ベッドに起き上って申しました。「クリストフ、行って、紙をもってきておくれ、頭のなかに音楽が聴えるのだ、それを、おまえ、書きつけてくれんか」。クリストフは大急ぎで紙と鵞ペンとインキ壺をもってきて、ゼバスティアンの口授《くじゅ》するままに書きました。終ると、ゼバスティアンは大きく吐息《といき》を洩らしながら、横になって、クリストフにやっと聞えるくらいの低い声で申しました。「これが、わしの、この世での、最後の音楽だ」。それからさらに数時間、彼は眠っておりました。眠っていると、お父さんのすべての苦しみもなくなっているように思われました。

わたくしが朝早く、日の出と共に入って行きますと、クリストフが原稿を見せてくれて、その出来事を物語りました。「まあ、見てごらんなさい、なんて美しいんでしょう！」と彼は申しました。『今ぞわれ、神のみ前に進む』、お父さんの魂の苦痛と闇との戦いです。実に美しい、安らかなメロディーですよ、その暗黒《やみ》を貫いて、ほのぼのと黎明《れいめい》のうすらあかりがさしてきて、次第に天国のような、この世ならぬ明るさにと高まっていくのです」。でも、わたくしは、もう涙でその紙が読めませんでした。枕の上のゼバスティアンの顔をしみじみと見つめながら、わたくしは、これが最後の歌だったのだ、あの瀕死《ひんし》の白鳥がいまわの際《きわ》にうたうように、と思いました。窓辺へ行って、窓掛を少し払うと、わたくしは外を見やりました。今しも昇りつつある太陽が大空を美しく彩《いろど》っております。わたくしは、愛する夫の長いあいだあくがれていた平和な眠りを妨げないように、こみあげてくる涙をおさえているのでした。

悲歎と光明とに包まれながら、どれだけそうして佇《たたず》んでいたかわかりません。しばらくしてわたくしは夫のかすかな声を聞きつけました。「愛するマグダレーナ、こっちへおいで!」。その声が奇妙にふるえを帯びて響きましたので、わたくしは矢に射貫《いぬ》かれたように、身を翻《ひるが》えしました。クリストフは行ってしまって、わたくしは彼と二人きりだったのです。わたくしがベッドによりすがりますと、そのとき、彼はぱっちりと眼を見開いて、わたくしの方を見つめました。彼はわたくしが見えたのです! 落ち窪んで、痛みと見ようとする努力のために縮《ちぢ》かんでしまった両の瞳は、もう一度ひらいて、痛々しい光明に輝いておりました。

いまわの際に光明は再びかえりさしぐみ、それこそ、神さまの彼によせられ給うた最後の贈物でありました。彼はもう一度太陽を仰ぎ見、子供たちを見わたし、わたくしを見つめ、それから、リースヒェンのさしだす自分の名のつけられた小さな孫をながめました。わたくしは、一輪の見事な紅薔薇《べにばら》を、彼にさしのべました。彼はその色の鮮かな美しさにまなざしをたゆたわせながら、「マグダレーナ」とよびました。「わしの行くところでは、もっと美しい色どりが見られるだろうし、おまえとわしがこれまで夢にのみ描いてきた音楽がきかれるにちがいないよ。そして、わしの眼は主のお姿をまのあたり拝することができるのだよ」。

トマス教会わきにある記念盤　バッハが晩年（1723〜50年），トマス学校で活動したと刻まれている（訳者撮影）

彼は静かに横になって、わたくしの手をとりながら、一つの絵姿を見つめているように思われました。それは、彼が生涯にわたって心に描きつづけ、音楽によってお仕え申し上げてきた、至高なる神のみ姿でありました。

けれども、やがて、臨終の近づいたことがますます眼にみえてきました。私たちが彼のベッドのまわりに跪《ひざまず》いておりますと、「すこし音楽をやってくれないか」と彼は申しました。「美しい死の歌をうたってきかせておくれ。もうその時がきたのだよ」。わたくしはちょっとためらいました。もうまもなく天上の音楽を聴く身になろうというこの人に、私たちはこの地上の最後の音楽として、どんな音楽を捧げたらよいのでしょうか。そのとき、神さまがずばりとよい考えを恵んでくださったのです。わたくしは『もろびとなべて死すべきもの』のコラールをうたいだしました。オルガン小曲集のオルガン前奏曲の一つは、このコラールのために彼がつくったものでした。他の人たちもこれに唱和し、それは四部合唱になりました。うたっているうちに、大いなる平和が彼の顔の上にあらわれてきました

——彼はもうほとんどこの世のものではなく、いっさいの無常なるものを打ち越えた高みに立っているように思われました。

一七五〇年七月二十八日火曜日の夜七時十五分、彼は世を去りました。享年《きょうねん》六十五でございます。金曜日の朝、私たちは亡骸《なきがら》をライプツィヒのヨハネ教会墓地に葬りました。牧師は壇上から次の弔辞《ちょうじ》を読み伝えました。

「ここに、ポーランド皇帝陛下並びにザクセン選挙侯殿下の宮廷作曲家にして、またアンハルト゠ケーテン公爵殿の楽長を勤め、当市トマス教会堂内トマス学校の楽長たりし、高貴にして誉れ高きヨハン・ゼバスティアン・バッハ氏は安らかに永眠され、浄福《じょうふく》なる神のみ手に抱かれたり、本日その遺骸はキリスト教儀式によりて大地に送還さる」。

けれど、そうした牧師のあらゆる言葉にもまして、わたくしの胸裡《きょうり》には、ゼバスティアンが死の床に書き綴り、うたいでた、あの、『今ぞわれ、神のみ前に進む』のコラールが聴えておりました。

かくしてわたくしは今、ヨハン・ゼバスティアン・バッハの物語の結びにたどりつきました。カスパール・ブルクホルトが、わたくしの夢寐《むび》にも忘れることのない彼の生涯と作品を物語に書くように勧めてくれた時から、わたくしに課せられましたこの仕事は、長い月日のあいだ、わたくしにとって力強い慰めであり、励ましでございました。——今はそれも終りました。いよいよこの巻も閉じられるのか、と思いますと、わたくしの生もまた終幕にたどりついたかのような思いでございます。わたくしにはもう、生きていく理由はございませ
ん。わたくしの事実上の生活は、すでにゼバスティアンの亡くなりましたその日で、終って
しまっているのですから。いま、わたくしの日々の祈りは、一日も早く神のみ恵みがわたく
しをこの小暗《おぐら》き地上からお救いくださって、ふたたび彼と一緒になることができますよう
に、ということでございます。初めて逢いましたその時から、彼のみがわたくしのかけがえ
のないすべてでございました。その彼とわたくしとを、いま離れさせておりますものは、た
だこの世の無常ないとなみだけなのでございます。

訳者あとがき

この訳業が最初に出版されたのは、一九五〇（昭和二五）年、ヨハン・ゼバスティアン・バッハ（一六八五〜一七五〇年）の歿後二百年を記念する年のことであった。当時、豊増昇氏のバッハ連続ピアノ全曲演奏の壮挙があり、戦後日本のまだ貧しい環境で、それに通う聴衆の足は寂しかった。日本のバッハ理解の窓はまだ大きく開かれてはいなかった。私のこの訳書に読者が増えはじめたのも、それから暫《しばら》くたってからである。

当時は、新制東大教養学部が発足して二年目になったばかりで、私はその最年少助教授であった。刷り上った訳書を当時のドイツ語科の長老教授だった竹山道雄・菊池栄一等の先生方にさっそく贈呈したところ、まもなく先生方の口から「読みだしたらやめられなくなった」「とうとう徹夜で読み明かしてしまったよ」といった感想が寄せられた。旧制東京音楽学校（後の新制東京芸大音楽学部）の校長だった小宮豊隆先生からも、思いがけない讃辞が届き、やがて私の与《あずか》り知らぬうちに岩波文庫の大きな訳業の担当者にご推挙下さるご厚意までいただくことになった。その年、「毎日出版文化賞」の音楽部門候補で、本書は第一位に推された。

もともとの出版社はダヴィッド社で、そこの若い遠山直道社長が熱心に勧めてくれたおかげである。彼は本書を最高の教養書、人生読本と絶讃する惚れこみようで、また私のことを一番にふさわしい訳者だとおだてるのであった。遠山家とは縁続きの上に、彼は七年制高校の後輩でもあったよしみで、まだ三十歳になるかならぬ身の私がこの「美しき魂の書」の訳業に打ちこむことのできた幸せには測り知れないものがある。後に遠山直道君は日興証券の副社長として出張中、不慮の航空機衝突事故でフランス・ナント市近郊上空に散る悲運にあい、四十七歳で世を去った（一九七三年三月）だけに、私の思いは留まることを知らない。彼の熱情は大きな遺産として本書の中に生き続け、バッハの生命力とともによみがえり続けるであろう。

本書が世に送られて、最初にあたえられた光栄は、小林秀雄・河上徹太郎ご両所の身にあまる高い評価にみちた書評であった。両氏は口を揃えて本書を音楽部門の第一等の教養書として推奨し、バッハ理解のまだ不十分な日本にあって、本書が単なる伝記や回想録や音楽の世界のみに留まらない、ひろい全人的な思想と信仰、芸術家、職業人、教師、家庭人としての人間らしい生きかた、心の感動のありかを見事に渾然《こんぜん》一体化して一般の読者層に訴える力をもつものであることを強調している。つまり、本書は誰が読んでも面白い本なのである。

同時に、戦後の新しいバッハ再評価の国際的な高まりに併《あわ》せて、日本のバッハ研究、バッハ演奏の急速な進展と関心のひろがりが、バッハをせまい宗教音楽から解放しようとする世界的機運にのって、バッハをベートーヴェンやモーツァルトに並ぶポピュラーな存在にまでクローズアップしはじめるようになり、そのことが本書の読者をいちじるしく拡大したといえるだろう。ダヴィッド社版（原本）は一九六七（昭和四二）年に装を改めて新版の愛蔵本（写真も豊富に採録）として刊行され、近年まで年々版を重ねて驚異的なロングセラーとなった。戦後五十年、バッハへの関心の年ごとの上昇機運の流れのなかで、一つの頂点を示したのは、バッハ生誕三百年を記念する一九八四（昭和五九）年であったかもしれない。各種の雑誌が大型のバッハ特集号を組み、それまでに代表的な研究書翻訳類の新刊も出そろうにいたった。そうした特集のなかで、いつも本書は大切な珠玉のように扱われてきた。

いつのまにか本書は、高校や中学の音楽の先生方が必読の教養書として推薦する図書となり、多くの学校で夏休み中の読書の宿題に課されるようにもなった。毎年、夏休み前になると、版元はこれの重版にとりかかるのが恒例となった。日本テレビの連続シリーズ「おしゃべりオーケストラ」では、第一回放映（一九六二年）が「ヨハン・子だくさん・バッハ」で、拙訳の本書が何度となく朗読紹介された。ＮＨＫの芥川也寸志・黒柳徹子主宰の「音楽の広場」でも、黒柳さんが本書の一節を朗読放映した。民放のラジオ番組では、本書の全文を長期にわたって連続朗読放送する局も出た。盲人のための点字化奉仕の仕事も着実に進められた。バッハ理解の普及のために、こうして本書は有力な入門の一役を担うこととなったのである。

実は、私はこの訳業にあたって、当初から一抹《いちまつ》の疑念を拭いさりきれないでいた。それは、本書が本当にバッハの二度目の妻アンナ・マグダレーナの筆に成ったものだったのだろうか、という疑念である。使用した原書（ドイツ語版 Die Kleine Chronik der Anna Magdalena Bach ）は一九三六年ケーラー&アメラング書店（ライプツィヒ）刊行の第十八版（十六万部という部数）で、これには草稿の経緯についての解説が何もなく、戦後に私が渡独した際に入手した戦後版（一九六二年）も、ケーラース出版会社（ユーゲンハイム）という、おそらくライプツィヒは東独となったために西独に移った同名の新会社の手で刊行されたもので、この戦後の美しい新版もすでに四十八万三千部の版を重ねているのだが、やはり原書については何の説明もない。おそらく戦前戦後の英・仏訳本もあわせればゆうに百万部にも及ぶかとおもわれるこの愛読のされかたに比べて、バッハ夫妻の肉筆的な文献資料について何の言及もないのは、奇異の感を禁じえなかったのである。しかし、音楽に関しては一介のアマチュアにすぎぬ私としては、この疑念の追究詮索《せんさく》は専門研究者の手に委《ゆだ》ねるとして、真実味あふれる上質な品格高い本書を、ドイツの愛読者たちと同じように、日本の読者にも誠実に提供する役まわりは、バッハ専門家でない私のようなドイツ文学専攻の徒にとって、記念の年にふさわしい謙虚な仕事と考えられたのであった。

　戦後版の上記ドイツ原書には、あるドイツ人読者の読後感が紹介されている。「私のながい読書生活のなかで、この本は最愛の書といってよい。この魅力的な文学（作品）ほど、ドイツの家庭を美しく深く描いた書物はない。偉大なトマス楽長とその多勢の息子・娘たちのまことに豊饒な生活が、幸福な人生の伴侶である妻の目をとおして、心うつ姿を浮き彫りにしてくれる。同時にこの本は、たぐいまれな純粋優雅な美しさで、ふたりの人間の共鳴しあう響きをうつしだす、夫婦というもの、結婚生活というもの、天才ヨハン・ゼバスティアン・バッハとその妻、気品ある情感と理解力ゆたかな女性の鑑《かがみ》であるアンナ・マグダレーナとの結婚の、いわば（旧約聖書の意味で）雅歌《ホーエリート》ともよぶべきものである」と。ここで本書のことが「文学（作品）」とよばれていることを見逃すことはできない。

　ここでいう「文学」Dichtungとは、詩のこと、フィクションのことであり、ゲーテが自伝を『詩と真実』と名づけたばあいの「詩」に当るであろう。このドイツ人読者は、本書がマグダレーナ・バッハの真筆であるかどうかという疑念を承知の上で、あえて「文学」とよんでいるようにおもわれる。そして、筆者がマグダレーナであろうとなかろうと、本書がすぐれた文学作品であることに変りはない、と主張しているのである。戦後のバッハ研究が進むにつれて、この疑念の真偽の問題もしだいに明らかにされて、本書がマグダレーナの真筆ではないという見解が有力視されるようになっているが、だからといって、本書の声価は少しも失われてはいない。バッハの人間像の忠実な再現、資料としての正確さなど、その価値をいささかも減じているとはおもわれない。こうした背景をもつ書ではあるが、本書によってバッハの世界の入口に立った読者は、すでに日本で豊かに用意されている各種専門案内書や研究書にぜひわけ入って行っていただきたい。

私がバッハゆかりのドイツ各地を歴訪したのは、一九六七年初夏のころで、ちょうど三十年前、もう遠い昔の長期留学当時のことにもなってしまった。バッハの生地アイゼナッハも、トマス教会のあるライプツィヒも、かつての東独（ドイツ民主共和国）にあって、ベルリンの関門のきびしい検閲をくぐって遠廻りせねば行けないのであった。ドイツ文学の徒として、ゲーテの大きな作品の訳業も幾つか背負っていた私にとって、ゲーテの住地ヴァイマルを訪問することは至上の課題であり、そのヴァイマルもアイゼナッハにほど近い東独に属し、バッハ自身、同じヴァイマルに住んだゆかりの地であったから、私は是が非でも行かねばならなかった。

アイゼナッハのバッハの生家（記念館）からは、まさにヴァルトブルクの城（中世の歌合戦で名高く、またあのルターの行跡と密に結びついた）を仰ぎみることができた。私の留学した西独マールブルクの大学町は、実際にはアイゼナッハから百キロほどしか離れていず、昔からの街道がその間に一本通っているにもかかわらず、途中で東西ドイツを隔てる壁が遮断機を設けて塞いでしまってあった。私は何度か車でそこまで行って、遮断機の向う の東独側の守備兵の姿を垣間見《かいま》ながら、恨みをのんで引返さねばならなかった。昔なら、ヴァルトブルクとマールブルクの交流もさかんで、前者から後者に輿入《こしい》れした聖女エリーザベットの積善の徳を讃えるエリーザベット教会の鐘の音を、マールブルクの朝な夕なにきいて過した私であった。ヴァイマルのゲーテ家の裏庭には、たくさんの花々が咲き乱れていた。ライプツィヒのトマス教会には、内陣の奥にバッハの墓があり、大きな花束が供えられていた。どこへ行っても、バッハの等身大のなつかしい銅像を仰ぐことができた。私はこの巡礼で、改めて「敬虔《フロム》」という心をたて直すことができたようにおもう。今の日本でもっとも失われてしまったものがこの「敬虔《フロム》」の心ではないだろうか。

すでにベルリンの壁も取り払われ、アイゼナッハやヴァイマルへ行く道も補修されて、ドイツ文化のメッカと目される町々を訪れる旅は、ずっと容易になりつつある。東西ドイツ統一後のドイツ国自体もこの復興の一日も早からんことに力を入れているようである。十八世紀の半ば、バッハの死と入れ替るように、ゲーテが誕生した。バッハの死後六年でモーツァルトが、二十年後にはベートーヴェンが生をうけている。バッハもまた、こうして現代に直結して生き続け、非凡の高みから数多くの問題をはらみつつ現代の私たちに今も豊かに語りかけている。「バッハの思い出」もまた語りかけることをやめない。そして、私の「思い出」も尽きることがない。たとえば私の個人的に親しい間柄で、本書を長く愛読し、ファンだと言ってくれる人々のなかには、今日の日本を代表する指揮者として活躍中の若杉弘夫妻のような存在もあるのである。今では、日本の各地の教会、その他のホールにもパイプオルガンが設置され、「日本バッハ・アカデミー」など本格的な演奏を聴くことができる。私がかつて学部長をつとめた東京大学教養学部にも、つとに教職員の力でパイプオルガンが購入され、特別の運営委員会を組織して、定期的な演奏会（無料）が催され、学生や私たちの大きな心の糧となっている。

一九九七年七月

山下　肇

アンナ・マグダレーナ・バッハ (Anna Magdalena Bach)
1701〜1760年　ヨハン・ゼバスティアン・バッハの二度目の妻。宮廷歌手をしていたともいわれる。J.クリスティアン・バッハの母。

山下　肇（やました　はじめ）
1920年東京生まれ。東京大学独文科卒業。東京大学教授，教養学部長を経て現在，東京大学名誉教授。著書に『ドイツ・ユダヤ精神史』（講談社学術文庫）ほか，訳書にゲーテ『ファウスト』（全訳），カフカ『変身』など多数。

講談社学術文庫

定価はカバーに表示してあります。

バッハの思《おも》い出《で》

アンナ・マグダレーナ・バッハ／山下《やました》 肇《はじめ》 訳

1997年9月10日　第1刷発行
1998年5月20日　第3刷発行

発行者　野間佐和子
発行所　株式会社講談社
東京都文京区音羽2-12-21 〒112-8001
電話　編集部（03）5395-3512
販売部（03）5395-3626
製作部（03）5395-3615

装　幀　蟹江征治
印　刷　豊国印刷株式会社
製　本　株式会社国宝社

ISBN4-06-159297-1　（学術）

「講談社学術文庫」の刊行に当たって

これは、学術をポケットに入れることをモットーとして生まれた文庫である。学術は少年の心を養い、成年の心を満たす。その学術がポケットにはいる形で、万人のものになることは、生涯教育をうたう現代の理想である。

こうした考え方は、学術を巨大な城のように見る世間の常識に反するかもしれない。また、一部の人たちからは、学術の権威をおとすものと非難されるかもしれない。しかし、それはいずれも学術の新しい在り方を解しないものといわざるをえない。

学術は、まず魔術への挑戦から始まった。やがて、いわゆる常識をつぎつぎに改めていった。学術の権威は、幾百年、幾千年にわたる、苦しい戦いの成果である。こうしてきずきあげられた城が、一見して近づきがたいものにうつるのは、そのためである。しかし、学術の権威を、その形の上だけで判断してはならない。その生成のあとをかえりみれば、その根は常に人々の生活の中にあった。学術が大きな力たりうるのはそのためであって、生活をはなれた学術は、どこにもない。

開かれた社会といわれる現代にとって、これはまったく自明である。生活と学術との間に、もし距離があるとすれば、何をおいてもこれを埋めねばならない。もしこの距離が形の上の迷信からきているとすれば、その迷信をうち破らねばならぬ。

学術文庫は、内外の迷信を打破し、学術のために新しい天地をひらく意図をもって生まれた。文庫という小さい形と、学術という壮大な城とが、完全に両立するためには、なおいくらかの時を必要とするであろう。しかし、学術をポケットにした社会が、人間の生活にとってより豊かな社会であることは、たしかである。そうした社会の実現のために、文庫の世界に新しいジャンルを加えることができれば幸いである。

一九七六年六月

野間省一

文学・芸術

藤井貞和著
源氏物語入門
不滅の古典はいかにして生み出されたのか。古代の〈神話〉から中世の〈物語〉への発展、平安貴族が愛読した白居易『長恨歌』の影響など、『源氏物語』の構造を読み解いた画期的論考。待望の文庫オリジナル。

1211

W・ヘイズリット著／神吉三郎訳（解説・遠藤　光）
時代の精神　近代イギリス超人物批評
ベンタムやコールリッジ等、18、19世紀の英国を代表する学者、詩人、政治家ら25人を取りあげ、歯に衣を着せずに同時代人の目で鋭い批評を加えた人物評論集。批評の方法の原点を示す、時代を超えた名著。

1213

小塩　節著
ファウスト　ヨーロッパ的人間の原型
ヨーロッパ的人間とは一体どんな人なのか？　神と世界に相対して自己を主張し、悪魔にとりつかれた男ファウスト。死してなお真の愛に生きた少女グレートヒエン。二人の姿にヨーロッパ的人間の実相を探る好著。

1216

竹田　晃著
曹操《そうそう》　三国志の奸雄
〈乱世の奸雄〉と評され、主家を奪った逆臣として悪名高き曹操。彼は三国時代を切り拓いた武人であると同時に優れた詩人でもあった。中国の豪傑のひとり曹操の人物像を新しい視点で描き、真の曹操像に迫る。

1220

田中仙翁著
茶道の美学　茶の心とかたち
現代の茶人が説く流儀と作法を超えた茶の心。先人によって培われた茶道の妙境には、日本独自の美意識と精神性がこめられている。茶道の歴史的変遷と、茶室における所作の美を解説。現代人のための茶道入門。

1221

竹田青嗣著
世界という背理　小林秀雄と吉本隆明
時代の風化に耐える真の〈思想〉とは何か。小林・吉本という日本を代表する批評家が辿った思想的道程を検証し、現代思想の直面する困難を的確に解説。現実世界への言語と思想の有効性を鋭く問う画期的論考。

1225

文学・芸術

栗田　勇著
飛鳥大和　美の巡礼

日本人の美と信仰への想いをさぐる心の旅路。飛鳥・大和に残る古寺、古仏の美しさを訪ねつつ、弥勒信仰や観音信仰がどのように成立したのか、またその仏教信仰に日本古来の自然信仰がどう関わったかを考える。

1227

森本哲郎著
詩人　与謝蕪村の世界

文明批評家が独自の視点で描く蕪村の全体像。世界を舞台に活躍しつづける著者が、長年愛してやまない詩人・与謝蕪村。その蕪村の俳句と絵画芸術の美しさのすべてを、情熱をかたむけて説き明かした力作評論。

1236

池内　紀著
モーツァルト考

十八世紀の光と影を背景に描く天才の素顔。フランス革命によって幕をおろした華やかな十八世紀西欧文化の最後の体現者としてのモーツァルト。誕生から死まで、その謎にみちた生涯をエピソード豊かに語る。

1244

三浦雅士著（解説・柴田元幸）
私という現象

いまや芸術のすべての領域で自我の崩壊が主題となっている。〈私〉という現象のありようを、物語の終焉を体現する作家たちを通して考察した処女作。〈現象としての自己〉を論じた第一評論集、待望の文庫化。

1250

古賀允洋著
王女クードルーン

絶世の美女、王女クードルーンをめぐる騎士達の物語。名作『ニーベルンゲンの歌』と並び立つ心躍る傑作長編叙事詩、中世高地ドイツ語原典（現存する唯一の写本「アンブラス写本」）からの本邦初の完訳成る。

1252

丸山　学著／木下順二監修
小泉八雲新考

八雲研究の貴重な歴史的論考の待望の復刊。出雲時代に比べ、看過されていた熊本時代の八雲の人と作品を、実地踏査や発掘した手紙・資料等によって浮き彫りにした好著。解説は著者の教え子木下順二による。

1255

文学・芸術

川島重成著
『オイディプース王』を読む
時空を越えて輝くギリシア悲劇の魅力を語る好著。ギリシア悲劇の中で最高傑作といわれる『オイディプース王』を詳細に解読吟味し、この作品が抱える人間存在への問いが今なお普遍的であると説く意欲的文庫オリジナル。

1259

桶谷秀昭著（解説・高橋英夫）
保田與重郎
復古派文人の思想とその生涯。近代日本の文明開化を徹底批判し、戦後は好戦的文士として公職追放を受けた保田與重郎。日本人の生死に関わる命題を解き続け、受難の生涯を生きた保田の批判精神の軌跡を読む。

1261

井上章一著
つくられた桂離宮神話
神格化された桂離宮論の虚妄を明かす力作。タウトに始まる〈日本美の象徴〉としての桂離宮神話。それが実は周到に仕組まれた虚構であったことを社会史の手法で実証した、サントリー学芸賞受賞の画期的論考。

1264

岡井　隆著（解説・篠　弘）
現代短歌入門
現代短歌は、いかにして伝統を克服したか。「アララギ」から出発した筆者は、むしろそのリアリズムを批判し、現代詩としての思想の表現に努めた。定型・韻と律・文語と口語など、短歌を志す人の必読の書。

1266

竹田青嗣著
エロスの世界像
〈エロス論〉が拓く哲学の新たなパラダイム。ニーチエからフッサール、ハイデガー、バタイユに至るエロス的世界像の系譜。そこにこそ、現代人が自身の生と世界を了解しうる原理があると説く竹田哲学の精粋。

1272

辞典・事典

江戸語の辞典
前田　勇編

豊富な語彙と的確な説明で、最高の江戸語辞典である。近世語研究の第一人者が、生涯の全研究成果をこめて作り上げた一大労作。洒落本、人情本などの読解に、また歌舞伎・古典落語の鑑賞に不可欠の辞典。

422

類語の辞典（上）（下）
芳賀矢一校閲／志田義秀・佐伯常麿編

名著の誉れ高い『日本類語大辞典』の文庫判である。明治四十二年の初版刊行以来、未だにこれを凌ぐ類語辞典は世に出ていないし、これからも出ることはないだろう、とまで称えられる比類なき名辞典である。

494～495

クラシック音楽鑑賞事典
神保璟一郎《じんぼけいいちろう》著

人々の心に生き続ける名曲の数々をさらに印象深いものとする鑑賞事典。古典から現代音楽まで作曲者と作品を網羅し、解説はもとより楽聖たちの恋愛に至るまでが語られる。クラシック音楽愛好家必携の書。

620

大阪ことば事典
牧村史《し》陽《よう》編

最も大阪的な言葉六千四百語を網羅し、アクセント、語源、豊富な用例を示すとともに、言葉の微妙なニュアンスまで詳しく解説した定評ある事典。巻末に項目検出索引、大阪のしゃれことば一覧を付した。

658

日本の名著名言事典
紀田順一郎著

近代から現代の名著三百八十一点の中から思想家、小説家を中心に名言・名文七百五十二を精選。巻末には、どこからでも引けるように主題別索引、書名・著者索引を備え、読書案内をも兼ねた比類なき名著名言事典。

772

日本宗教事典
村上重良《しげよし》著

日本の主要な宗教は勿論、宗教史上の重要な事件と運動、代表的な信仰や宗教観念などを大項目で体系化し、各項目を年代順に配列した。この一冊に日本宗教の全てを網羅した日本で最初の読む宗教事典である。

837

日本人論・日本文化論

日本文化論
梅原　猛著
〈力〉を原理とする西欧文明のゆきづまりに代わる新しい原理はなにか？〈慈悲〉と〈和〉の仏教精神こそが未来の世界文明を創造していく原理となるとして、仏教の見なおしの要を説く独創的な文化論。
22

日本人の生き方
会田雄次著
「近代」のひずみとリアルな国際感覚の欠如――日本人が直面している二つの危機。従来短所にみられていた日本人の特性が捉え直され、厳しい国際社会の中での日本人の生き方が、力強く提示される。
47

比較文化論の試み
山本七平著
日本文化の再生はどうすれば可能か。それには自己の文化を相対化して再把握するしかないとする著者が、さまざまな具体例を通して、日本人のものの見方と伝統の特性を解明したユニークな比較文化論。
48

日本人とは何か
加藤周一著
現代日本の代表的知性が、一九六〇年前後に執筆した日本人論八篇を収録。伝統と近代化・天皇制・知識人を論じて、日本人とは何かを問い、精神的開国の要を説いて将来の行くべき方向を示唆する必読の書。
51

日本人の人生観
山本七平著
日本人は依然として、画一化された生涯をめざす傾向からぬけ出せないでいる。本書は、我々を無意識の内に拘束している日本人の伝統的な人生観を再把握し、新しい生き方への出発点を教示した注目の書。
278

存亡の条件
山本七平著
犀利な分析により日本文化の基本型を提示する。苛烈な国際社会で誤解されることなく生きるには、明確な自己の把握とその他者への伝達が不可欠である。そのような視点からなされた鮮烈な日本認識の書。
394

日本人論・日本文化論

S・ウォシュバン著／目黒真澄訳（解説・近藤啓吾）
乃木大将と日本人
著者ウォシュバンは乃木大将を Father Nogi と呼んだ。この若き異国従軍記者の眼に映じた大将の魅力は何か。本書は、大戦役のただ中に武人としてギリギリの理想主義を貫いた乃木の人間像を描いた名著。

455

渡部昇一著
レトリックの時代
知的対人関係を作るためのレトリックのすすめ、日本の英語教育の再評価、全体主義に抗するさまざまな手段の提唱など、著者のユニークなホンネが展開される。日常的問題を捉え直すヒントを与える書。

606

浜口恵俊《えしゅん》著（解説・公文俊平）
「日本らしさ」の再発見
これまでの日本文化論はほとんど欧米の分析図式に依拠した。本書は日本人自らの内在的立場からの民族的特性の発掘、国際摩擦に対処する知恵の源泉、間柄的主体としてのオリジナルな日本人像を説く。

828

多田道太郎著
身辺の日本文化
箸と茶碗、軒端と縁側、のれんと敷居など、日常のありふれたものの中に日本人のものの見方と美意識があり、日本文化の本来の姿を見ると、著者はいう。身近なものを改めて見つめ直した異色の日本文化論。

836

佐伯彰一著（解説・入江隆則）
日本人の自伝
山鹿素行、新井白石、松平定信、勝小吉、福沢諭吉、内村鑑三らの著作や、歌舞伎役者の芸談という形の自伝などに顕れた日本人の心性の根幹を精緻に論究する力作。日本人の〈我〉の自覚史を辿る画期的自伝論。

984

B・タウト著／森　儁郎《としお》訳（解説・持田季未子）
ニッポン
憧れの日本で、著者は伊勢神宮や桂離宮に清純な美の極致を発見して感動する。他方、日光陽明門の華美を拒みその後の日本文化の評価に大きな影響を与えた。世界的な建築家タウトの手になる最初の日本印象記。

1005

日本精神
W・モラエス著／花野富蔵訳（解説・加納孝代）
明治末期に来日して日本婦人と結婚したポルトガル人モラエスは日本人の言語や宗教や風俗等を詳細に観察。日本人の伝統的な考え方や感じ方の特徴を鮮明にし、精神生活の特色を論じた日本論の傑作。
1016

日本文化私観
B・タウト著／森《もり》 儁郎《としお》訳（解説・佐渡谷重信）
世界的建築家タウトが、鋭敏な芸術家的直観と秀徹した哲学的瞑想とにより、神道や絵画、彫刻や建築など日本の芸術と文化を考察し、真の日本文化の将来を説く。名著『ニッポン』に続くタウトの日本文化論。
1048

三種の神器
K・ジンガー著／鯖田豊之訳（解説・A・エッシュバッハ）
西洋人の日本文化史観
一九三〇年代の八年間、東大等で政治経済学を講じたジンガーは、日本の風習と文化に深く心惹かれ、日本人の心の深層に残る民族的遺産に着目した。〈日本的なもの〉の本質を洞察した示唆に富む文化論。
1113

ドイツと日本
小塩《おしお》 節《たかし》著
国際文化交流論
ケルンの日本文化会館館長の経験などをもとに日独の興味深い文化交流の実態を論述。文久遣欧使節など埋もれた歴史をも掘り起こし、国際交流のあるべき姿を求めた、学者兼元ドイツ公使による日独文化交流論。
1154

《講談社学術文庫　既刊より》